土選

嗨！有趣的故事

葛競

Hi! Story

中華教育

【出版說明】

在文字出現以前，知識的傳遞方式主要就是語言，靠口耳相傳的方式記錄歷史與情感表達。人類的生活經歷、生命情感也依靠著「說故事」來「記錄」。是即人們口中常說的「傳說時代」。然而文字的出現讓「故事」不僅能夠分享，還能記錄，還能更好、更廣泛地保留、積累和傳承。

《史記》「紀傳體」這個體裁的出現，讓「信史」有了依託，讓「故事」有了新的準則：文詞精鍊，詞彙豐富，語言精切淺白；豐富的思想內容，不虛美、不隱惡。選擇人物一生中最有典型意義的事件，來突出人物的性格特徵，以對事件的細節描寫烘托人物的情感表現，用符合人物身份的語言，表現人物的神情態度、愛好取捨。生動、雋永而又情味盎然。

「故事」中的人物和事件，從來就是人類的「熱門話題」。她是茶餘飯後的趣味談資，是小說家的鮮活素材，是政治學、人類學、社會學等取之無盡、用之不竭的研究依據和事實佐證。

中國歷史上下五千年，人物眾多，事件繁複，神話傳說與歷史事實並存，正史與野史交錯互映，頭緒繁多，內容龐雜，可謂浩如煙海、精彩紛呈，展現了中華文化的源遠流長與博大精深。讓「故事」的題材取之不盡，用之不竭。而其深厚的文化底蘊如何呈現，怎樣傳承，使之重光，無疑成為《嗨！有趣的故事》出版的緣起與意趣。

《嗨！有趣的故事》秉持典籍史料所承載的歷史精神，力圖反映歷史的精彩與真實。深入淺出的文字使「故事」更為生動，更為循循善誘、發人深思。

《嗨！有趣的故事》以蘊含了或高亢激昂或哀婉悲痛的歷史現場，以對古往今來無數先賢英烈的思想、事蹟和他們事業成就的鮮活呈現，於協助讀者不斷豐富歷史視域和深度思考的同時，不斷獲得人生啟迪和現實思考，並從中汲取力量，豐富精神世界，在實現自我人生價值和彰顯時代精神的大道上，毅勇精進，不斷提升。

#【導讀】

王選，生於一九三七年，江蘇無錫人。漢字雷射照相排版系統創始人和技術負責人。他所領導的研究團隊研製出的漢字雷射排版系統為中國的新聞、出版過程的數位化奠定了基礎，被譽為「漢字印刷術的第二次發明」。一九九二年，王選研製成功的中文彩色照相排版系統，先後獲日內瓦國際發明展覽金牌，中國專利發明金獎，聯合國教科文組織科學獎，中國國家重大技術裝備研製特等獎等眾多獎項，一九八七年和一九九五年兩次獲得中國國家科技進步一等獎；一九八五年和一九九五年兩度列入中國國家十大科技成就，是中國國內唯一四度獲國家級獎勵的項目。

從一九七五年開始，王選主持的計畫跨越當時日本的光學機械式二代機和歐美的陰極射線管式三代機階段，開創性地研製當時世界上尚無商品的第四代雷射照相排版系統，針對漢字印刷的特點和難點，發明了高分辨率字形的高倍率資訊壓縮技術和高速復原方法，率先設計出相應的專用晶片，首次使用控制參數描述筆畫特性的方法，並取得歐洲和中國的相應發明專利。這些成果的產業化和應用，開創了漢字印刷的一個嶄新時代，引發了中國報業和印刷出版業「告別鉛與火，邁入光與電」的技術革命，徹底改造了中國沿用上百年的鉛字印刷技術。

王選、陳堃銶一輩子相知相惜，過著樸實無華的生活。平常日子，王選夫婦沒有寒暑假，沒有禮拜天；每年春節放假的幾天，正是他們避開干擾、效率最高的工作日，常常一塊豆腐就算過了年。生活上悉心照料，科學上鼎立相攜，在王選的研究中，一項艱巨而重大的任務——設計和調試軟體，一直是由陳堃銶負責。當時沒有磁碟機、沒有顯示器，總量達十四萬行的程式全用彙編語言寫出，其艱難是今天從事軟體開發的青年們難以想像的。

「我的一生有十個夢想，五個成為現實，另外五個需要我與年輕人共同實現。」前五個——發展雷射照相排版系統，告別鉛與火；發展基於頁面描述語言的遠端傳版，告別報紙傳真機；發展開放式彩色桌面出版系統，告別傳統的電子分色機；發展新聞採編和資料檢索系統，告別紙和筆；開拓海外華文報業市場已夢想成真……

二〇〇六年二月十三日，王選因病離世。輓聯上，陳堃銶用「半生苦累，一生心安」八個字總結和評價了丈夫的一生。

「多做好事，少做錯事，不做壞事」——王選一生的座右銘

目錄

爸爸的小課堂

「哇——哇——」一陣響亮的嬰兒啼哭劃破天際，王爸爸小心翼翼地從產婆手中接過了這個小小的生命，這是妻子為他生下的第五個孩子了。

小嬰兒在爸爸的懷抱裏沒有哭多久便安詳地睡著了，他並不知道當時環境的險惡。一九三七年日本侵華，到處都是槍林彈雨，有些人為了自己的安全便出賣國家當了漢奸，王爸爸非常痛恨這種行徑，每每一想到這些，他心中就生出難以抒發的苦悶之情。

「給孩子取個名字吧。」妻子躺在床上對王爸爸說。王爸爸看了看懷中的孩子，說道：「我希望這個堅持要來世間走一遭的小生命，遇見人生的岔路口時，能夠選擇正確的道路，就給他取名為王選吧。」

妻子微笑著點了點頭，王爸爸把孩子放在了妻子的身邊，妻子便一口一個「王選」地逗著小嬰兒。不過那時的他們並沒有想到，這個孩子，在日後竟能影響整個中國。

對王選來說，父親的家國情懷深深地影響著他。

有一天，剛放學，王選的大姊王儉就帶著剛滿三歲的王選去挑選文具。對女孩子來說，買文具是學生時代最喜歡做的事情之一。

王儉把弟弟留在了門口櫃台處，自己一下鑽進了文具店。一進文具店，王儉的眼裏就像跑進了星星一樣，雙眼閃爍著光芒，她左瞧瞧，右看看，挑選著自己心儀的物品。她發現收銀台旁邊的筆筒裏插著幾枝顏色鮮豔的鉛筆，便立刻抽出了一枝遞到了王選面前。

「弟弟，你看這枝好看嗎？」王儉問王選。

王選什麼也不懂，看著顏色鮮豔的鉛筆點了點頭。

「小姑娘，你手裏拿的這枝鉛筆是日本產的，比咱們的國產鉛筆還便宜。」老闆對王儉說道。

王儉一想，鉛筆不僅好看，價格還划算，就興高采烈地買了下來，一把抱起弟弟開心地回家了，只是她沒想到，這枝小小的鉛筆竟給她帶來了……。

回到家，王儉迫不及待地拿削筆刀削好鉛筆，愛不釋手地擺弄著。

「大姑娘，把你的鉛筆借我用用，我拿來做個記號。」王選的爸爸在弄堂裏鋸著木頭，大聲喊著。

「好的，我馬上來。」王儉興奮地拿起手裏的鉛筆就奔向了弄堂，把鉛筆遞給了爸爸，「這可是我剛買的，又好看還划算，比國產鉛筆還便宜呢。」

王爸爸用手撥了撥鉛筆，說：「是嗎？那這鉛筆是哪個國家生產的？」

「老闆說是日本。」王儉立刻回答道。

王爸爸的臉色變了，瞪大了眼睛看著鉛筆，提高了音量：「你再說一遍，這是哪國生產的？」

王儉突然有些害怕，小聲地吐出幾個字：「老……老闆說……是日……日本產的。」

王爸爸用兩隻手一下折斷了鉛筆，一腳踢飛了面前的木頭。「你這個女娃子，竟然還去買日本的東西，看我這次不好好教訓教訓你！」說完，王爸爸從地上拿起了一根木頭準備打王儉的屁股。

「別別別，孩子他爸，別衝動，孩子還小，什麼都不懂。」王選的媽媽聽見了聲響就立刻跑了出來攔著王爸爸。

王儉嚇得直哭，弟弟妹妹們看見大姊哭了起來，便都跟著哭了起來，哭聲此起彼伏。

王選想不到爸爸會生氣，一邊哭一邊走到爸爸的面前抱住了他的腿，嘴裏嘟囔著：「我怕，我怕，爸爸不要打姊姊。」

王選的爸爸意識到自己有些衝動，過了一會兒，他把孩子們聚集在一起，給孩子們上了堂「課」。

「你們都給我記住，傷害中國、侵略中國的，就是我們的敵人，敵人的所有東西我們都不能碰，更別說買了。」爸爸嚴肅地訓斥著五個孩子。從那次之後，他們再也不買日本貨了。

還有一次，王選正在房間裏看故事書，王選的爸爸悄悄地走進了房間，關上門，遞給了王選一張小畫報。

「王選，你幫爸爸好好保存這張小畫報！」爸爸小聲地對王選說道，便把畫報遞給了王選。

王選拿到手裏一看，發現畫報上竟然是一個中國軍人和一面中華民國的國旗。王選知道，在「淪陷區」保存這樣一張畫報是非常危險的，倘若被發現，是要擔很大的罪名甚至會失去性命。

「爸爸，我很喜歡這張畫報，不過……」王選有些猶豫。

「爸爸看到這張畫報捨不得丟，沒關係的，我把它藏在你們小孩這裏不會有事，我們一定會打敗日本的！」

王選堅定地點了點頭，他和爸爸一起把畫報藏在了王選的抽屜裏，上面壓了好幾本書，一直保存到抗戰勝利。

「這是咱們倆的祕密，一定不能告訴別人喲。」爸爸一邊伸出了手指一邊對王選說道。

王選立刻也伸出了小手與爸爸拉了鉤。這件事情，不僅是王選心中的一個祕密，也是他兒時受到的最早的愛國啟蒙教育，為他今後以愛國之心獻身於國家建設埋下了種子。

除了愛國的情操，王選的爸爸嚴謹認真、一絲不苟的精神也深深影響著王選。

有一次王選去爸爸的房間裏找書看，一不小心翻出了一本筆記，上面記著一串串像密碼一樣神祕的數字。

王選立刻拿著筆記本去問爸爸這些數字代表什麼，爸爸看了看筆記本，笑著摸了摸王選的腦袋。「這些數字也沒什麼特別的，就是日期。」

「日期？」王選非常困惑，這些日期有什麼特殊含義嗎？

爸爸指了指書桌旁的一箱信件。「喏，我呀，會把寄出去的每一封信都抄寫一遍，並且還要清楚地記錄是哪一天發出的信，這個小本本就是記錄這些日子的。」

王選有些吃驚。「爸爸每次還要把寄出去的信抄寫一遍？」

爸爸微笑著，點了點頭：「你可不要嫌麻煩，這樣做，留下的底稿自己隨時都可以查閱，也不會遺忘什麼重要的事情了。」

聽了爸爸的話，王選似懂非懂地點了點頭，他雖然還沒有給別人寫過信，但他看到那些歸置得整整齊齊、井井有條的信件，便知道爸爸的精細入微一定是很好的品格。

王選的爸爸一生倔強，從來不會拍馬屁和阿諛奉承，他十分重視友情。王爸爸自大學畢業之後，每年都會組織幾次留滬同學聚餐，王爸爸會和同學們一同聊聊天、敘敘舊、談談心。這樣的「社交」，王爸爸一堅持就是十年。

除了「愛社交」，王爸爸還喜歡「管閒事」和打抱不平。無論是自己的親友，還是同學或同事，只要是他們遇到困難，和他提了一兩句，王爸爸便會盡全力去幫助他們。外地的親朋好友來上海遊玩，王爸爸便會在家裏好好地招待他們，讓他們住很長時間；

同事遇到困難需要用錢，王爸爸也會毫不猶豫地拿出錢來，如果所需太多，自己解決不了的話，他便會發起倡議，讓身邊的朋友同事捐助他們；王爸爸還幫過堂兄求職，資助過表兄出國留學……

王爸爸做事嚴謹，為人正直，非常仗義，又慷慨大方。這些也深深地影響著王選。從長大後的王選身上，我們也能感受到他謹慎、善良、仗義、大方的人格魅力。

媽媽的妙計

爸爸是一家之主，充滿威嚴，做事很有原則；王選的媽媽開明平等、慈愛和藹，並且富有智慧。

在王選童年的記憶中，印象最深刻的莫過於媽媽與老鼠鬥智鬥勇的事了。

小時候，王選最喜歡聞鍋蓋打開那一瞬間米飯撲鼻而來的香噴噴的味道，感覺就像是米飯的熱氣化作小精靈順著鼻子鑽進了自己的身體裏，所以，王選每天都主動去廚房盛飯。

「啊——這是什麼啊？」有一天，王選正準備拿碗時，看見櫥櫃裏有幾顆黑色的東西，疑惑地大叫了一聲。

聞聲而來的哥哥姊姊們，看著這黑色的顆粒仔細研究了一番。

「我猜這是發霉的大米！」大姊王儉思考了片刻後說道，弟弟妹妹們都認可地點了點頭。

王選卻搖了搖頭，他心想，這發霉的大米昨天還沒有，今天怎麼會突然出現而且發霉了呢？「我覺得這並不是發霉的大米，而且就算發霉也不會黑成這樣呀！」王選反駁自己的姊姊。

王媽媽看著孩子們這樣聚精會神地研究著，走上前一瞧，捂著嘴笑了兩聲：「孩子們，這可不是什麼大米，咱們家可有大麻煩了。」

「大麻煩？」孩子們異口同聲地問道，疑惑地看著自己的媽媽。

媽媽點了點頭：「沒錯，這幾顆黑色的東西不出意外就是老鼠屎，咱家有老鼠了！」

「啊——老鼠！」哥哥姊姊們突然躁動了起來。「我最怕老鼠了！我們老師告訴我們，老鼠不僅會偷吃東西，而且會傳播疾病。」大姊驚恐地說道。

沒想到年齡最大的姊姊竟然如此害怕老鼠，王選問：「媽媽，怎樣才能消滅老鼠呢？」

媽媽拍了拍王儉的後背，摸了摸王選的腦袋，安慰他們說：「這老鼠我們是消滅不完的，牠們很狡猾，非常怕人。不過，我們人多力量大，雖不能消滅，但可以將牠們拒之門外！大家先去吃飯，吃完了飯咱們一起行動！」

「好勒！抓老鼠嘍！」大家激動萬分，開心地回到了飯桌旁，大口扒拉著碗裏的米飯，迫不及待地準備展開一場與老鼠的大作戰。

吃完飯後，五個孩子全副武裝，有的拿著盆子，有的拿著鏟子、網兜，準備得很齊全。

「孩子們，老鼠在大白天一般是不會出來晃悠的，牠們非常狡猾，喜歡在夜間出來活動。咱們現在的任務就是找到能夠讓牠們潛入我們家的老鼠洞！」媽媽走到孩子們面前，說道。

孩子們聽了媽媽的話後，便各自散去，在家中的各個角落找尋老鼠洞和老鼠留下的痕跡。王選心想，這些老鼠狡猾萬分，一定不會在亮處上活動，書上常寫著老鼠會經常光顧下水道，於是王選便走到了廁所裏去查看。

他挪開了掃把，一個拳頭大小的洞映入眼簾。「我找到了，我找到了！」王選開心得直跺腳，大聲呼喚著。哥哥姊姊們和媽媽連忙來到了王選這兒，看到了廁所牆角的老鼠洞。

「這樣大小的洞，咱們用什麼堵比較好呢？」大姊王儉疑惑地問媽媽。媽媽指了指天井：「那邊有水泥，我們就用水泥堵上。」

王選的大哥連忙跑到天井那邊去調製水泥，調好了之後，二哥接過了水泥仔仔細細地把老鼠洞給堵上了。

「大功告成！」二哥堵完老鼠洞之後，拍了拍手和身上的灰，大家也開心地鼓起掌來。「噢！老鼠再也進不來嘍！」

可出人意料的事情還是發生了。第二天早上吃早飯的時候，王選發現這次櫥櫃裏不僅僅有老鼠屎，饅頭還被啃掉了半個，他知道這一定又是老鼠幹的好事，於是去廁所看了看他們用水泥封住的老鼠洞。

「媽媽——」王選大叫了一聲，哥哥姊姊們立刻圍了過來，他們驚奇地發現，那個被水泥堵住的地方竟然又出現了一個洞。

「老鼠竟然把水泥都給啃穿了！」大姊王儉驚訝地說道。

媽媽走上前去，用手指戳了戳洞口，發現水泥還是軟軟的。「我明白了，這些狡猾的老鼠啊，趁著水泥還沒乾透，就又把水泥給咬穿了，讓我好好想想這該怎麼治。」媽媽四處望了望，看見了放在廁所門邊的敵敵畏，她想到了一個好辦法。

王媽媽又讓王選的大哥去調了一盆水泥，一邊加水一邊往裏面加入了敵敵畏。她還砸壞了一個玻璃杯，並把玻璃碴兒也倒進了水泥裏。

王選疑惑不已：「媽媽，您為什麼要這麼做呀？」

媽媽笑了笑，耐心地解釋道：「用這樣的『特製水泥』堵上的老鼠洞，雖然有些軟，但散發出的敵敵畏的氣味讓老鼠不敢咬。等水泥乾了，敵敵畏的氣味揮發了，老鼠又會來咬，但這時，混入水泥的玻璃碴兒就會起作用，老鼠沒咬幾下就會被玻璃碴兒刺疼了嘴，以後再也不敢咬了。」

用了這個方法之後，王選的確沒有在家中再發現老鼠的任何痕跡，他對媽媽敬佩不已，由衷地崇拜媽媽的智慧。

王選的媽媽是一個慈愛寬厚、聰敏賢淑、勤勞能幹的人。在王選之後的科學研究上，他也經常會用到從母親身上學到的相互結合的思考方法，為他解決了很多的難題。

幼兒園裏的大公雞

那是下午幼兒園的最後一堂課了，小朋友們都乖乖地站在幼兒園的操場上，等待著老師挨個兒發點心。一道綠色的大鐵門另一邊是一個小花園，花園裏養著一隻大公雞，昂首挺胸地來回巡視。

每天分發點心的是當天的值日生，只見一個胖胖的小男孩從桶裏拿出一包餅乾遞給了王選。王選記得老師以前所教的，伸出雙手接過了餅乾，甜甜地說道：「謝謝你，值日生。」

值日生點了點頭，正從桶裏拿出下一包餅乾準備遞給下一位同學時，被老師打斷了：「停，小胖，你是不是忘記了什麼？」小胖一時沒有反應過來，疑惑地用手抓了抓腦袋：「忘記了什麼呀？」

「我對你說了『謝謝』，你要說『不客氣』。」王選提醒道。老師連連點頭，小胖有些羞澀：「哎呀，不好意思，我忘記了，我們再來一遍。」

「沒問題，那就再來一遍。謝謝你，值日生。」王選再次說道。

「不客氣，王選。」小胖大聲說。

老師欣慰地笑了笑，她覺得禮貌這件事確實要從小就好好地培養。一個真正懂禮貌的孩子才能夠在將來受到更多的尊重。

小朋友們拿到了點心，一半自己吃掉了，還有一半就是要餵給鐵門那邊的大公雞，王選也是如此。

小胖吃了一大半後，正準備把剩餘的餅乾全都倒在大公雞的面前時，被王選攔了下來。「等等，小胖！」王選大聲對小胖說。

小胖對著王選笑了笑，把剩下的餅乾遞給了王選：「王選，你是不是還想吃？那我就把剩下的這些都給你啦。」

「不不不，我已經吃好了，你是不是要準備把剩下的餅乾都餵給大公雞呀？」王選問小胖。

小胖點了點頭，王選指著大公雞面前的地上說道：「你看，那些大塊的餅乾，大公雞根本沒法啄，我記得我媽媽在家裏餵雞吃的都是特別小的米粒，我想，我們在餵大公雞之前是不是應該先把這些餅乾弄碎呢？」

小胖重重地點了點頭：「我覺得你說得很有道理。」說完便和王選一塊開始揉搓袋中剩下的餅乾，等餅乾碎得差不多的時候，王選和小胖把碎末兒一起倒在了大公雞的面前，只見那平時昂首挺胸、嚴肅巡視的大公雞，一下子低下了頭，腦袋一上一下津津有味地啄食著那些餅乾碎末兒，王選和小胖見狀都開心極了。

可還沒等大公雞吃完，突然躥出了一隻黃色的有著小小的腦袋、長長的身體和長長的尾巴的動物，隨著牠跑過，還伴隨著一陣惡臭。小朋友們看見這不明動物都害怕得立刻跑到了老師的身邊。

幼兒園老師解釋說：「大家別怕，牠是黃鼠狼，你不去招惹牠，牠就不會來傷害你的。」還沒等所有人反應過來，只見那黃鼠狼以閃電般的速度，出其不意地攻擊了大公雞，一口咬住了牠的脖子，把大公雞拖走了。

孩子們看著這突如其來的情景，哭了起來，哭聲此起彼伏，王選也非常害怕。他們剛剛還在餵的大公雞就這樣被黃鼠狼抓走了，但是他忍住了眼淚，心中迫不及待地想要自己的爸爸快點來接自己。和大家一樣，小王選每天最盼望的時刻就是傍晚等待父母來接他回家。

夕陽西下，爸爸媽媽都來接自己的孩子了，每個人都手腳並用，向父母繪聲繪色地講述了大公雞的遭遇。可王選依舊眼巴巴地在門口盼著父親的身影，這時委屈便油然而生，盼出了眼淚。

爸爸終於來了，王選從爸爸那裏知道了，原來黃鼠狼會散發出一股臭味，牠們雖說會吃雞，但也是捕鼠能手。從那以後，王選便再也沒有怕過黃鼠狼了。

一年後，王選升入了小學。剛上學沒多久，王選就對語文產生了極大的興趣。

「王選，這次你的語文成績又是全班第一名，所以我幫你報名了學校的作文比賽，你要為我們班級爭光喲。」王選的語文老師在辦公室對王選說道。王選點了點頭，他在心裏希望自己能夠取得優異成績，為班級爭光。

在作文比賽中，王選寫的是父親讓他保留印有中國軍人畫報的故事，文章繪聲繪色，生動感人，他也在作文比賽中得了優勝獎。

促成作文「好看」的關鍵因素就是真情實感。所有佳作，無論寫作風格如何，都傾注了作者獨特的真情實感。一篇文章之所以能夠打動人，自然也是源自作者筆下汩汩流淌著的真情實感，悄悄地感染著讀者的內心。老師們都被王選和他爸爸的愛國之心打動，所以給了王選的作文優勝獎。

在數學方面，王選自從有一次考了五十分以後，就奮發圖強，把做過的所有題目舉一反三，沒過多久成績就趕了上去，整個小學他的數學成績一直都名列前茅。

在王選的印象中，學生時代記憶最深刻的是他的自然課老師陳友端。那是一個瘦瘦的、有著落腮鬍子、戴著眼鏡的男老師，他總是用生動有趣的講課方式教給孩子們知識。

抗戰期間，美國朝著日本丟了兩顆原子彈，班上的一位同學問陳老師：「老師，美國的科學是不是特別特別發達，領先了中國很多呢？」

陳老師聽後皺了皺眉頭，並沒有直接回答他，而是慢慢地說道：「這樣，你們聽我講一個故事就知道了。現如今美國的自動化很發達，他們那邊的人吃飯也是自動化，不用刀叉，用一個機器把東西送到嘴裏。有一次，一家主人請客，菜裏有一隻雞，客人啃雞骨頭啃了很長時間，結果後面的食物因為是定時送上來的，就從機器裏噴了出來，弄得客人渾身上下全是奶油、蛋糕和骨頭，狼狽萬分。」

班上的同學們聽了陳老師講的這個故事後都笑得前仰後合，雖然後來他們也知道這是陳老師編的故事，但王選也正是從那個時候起，被激發出了對科學的熱愛。

聽戲悟出的道理

炎熱夏天的午後，屋外的樹木頂著強烈的陽光站得筆直，就像一個個堅強的勇士。只有樹上調皮的葉子漸漸捲起來，蟬發出有氣無力的叫聲，好像牠們也受不了這夏日的太陽。

王選和哥哥姊姊們從小就生活在書的海洋裏，父母為他們購置了成百上千本適合青少年閱讀的書。每到暑假，吃過午飯後，王選都會和自己的哥哥姊姊們從房間裏抱出自己的涼席，等媽媽把客堂裏的地板拖乾淨後，把涼席整齊地鋪到地上。這時候，爸爸會從房間裏抱出一大摞書。

孩子們躺在涼席上，每個人手中都捧著一本書，就好像躺在一艘知識的小船裏，徜徉在書的海洋，流連忘返。

一天午後，王選像往常一樣拿起一本書歪倒在涼席上閱讀，他突然發現手裏拿著的竟是本戲曲雜誌《京劇旬刊》，雜誌中介紹了很多位戲曲大師，這是他第一次從文字上接觸戲曲。

「爸爸媽媽，這本雜誌裏介紹的人物，是每天晚上唱戲給我們聽的人嗎？」王選單純地問道。

爸爸笑了笑，告訴王選：「沒錯，你每天呀，就是在他們裊裊的京劇唱腔中進入夢鄉的。」

王選的眼裏閃起了光，他打起了精神，突然對戲曲產生了濃厚的興趣，纏著爸爸給他講解和戲曲有關的知識。只見爸爸抱來了收音機放在客堂的桌子上，調試了一下，收音機上的指針移到了一個固定的地方，咿咿呀呀的聲響便從收音機的喇叭中傳了出來。

「是京劇！」王選激動地大叫。

「沒錯，這個頻道每天都會放一些有關京劇的實況轉播，爸爸和媽媽平時最喜歡聽了。」爸爸溫柔地看了看媽媽，媽媽會心一笑。

「那我以後也要和爸爸媽媽一起聽。」王選開心地拍了拍手，開始津津有味地聽起了收音機裏的京劇。一聽到熟悉的旋律，王選就立馬跟著哼起來，詞兒背得比課文還熟。跟著爸爸媽媽一塊兒，戲曲成了王選的興趣愛好之一。

有一天，王選一蹦一跳地回到家，開心得嘴巴都合不攏，吃飯的時候一直笑嘻嘻的，嘴裏小曲也哼個不停。

王選媽媽問王選：「在學校發生什麼開心的事情了嗎？」

王選神祕地點了點頭，卻什麼也不說。

「讓媽媽猜猜，一定是考試拿了第一名吧？」媽媽好奇地問道。

只見王選搖搖頭，然後立刻跑到房間裏抱出了收音機，指著收音機開心地說道：「我同學和我說，今天城裏有大戶人家舉辦了空前絕後的堂會，請到了許多京劇界的名角呢！」

「這收音機——」媽媽還未說完就被王選打斷。「沒錯，今晚的堂會全程都可以透過收音機來收聽。我太開心啦！」王選眉飛色舞地說道。

他最喜歡的孟小冬的《搜孤救孤》還會作為壓軸大戲。一想到這些，他就激動地叫了兩聲，引得哥哥姊姊們疑惑萬分，還以為王選生了什麼病。

晚上，全家人都搬來了小板凳，整整齊齊地圍坐在收音機前面，心滿意足地聽著精彩的堂會。可因為時間太晚，還沒等到最後一齣《搜孤救孤》出來，王選便已呼呼地睡著了。

第二天一大早吃早飯的時候，王選突然意識到什麼，問道：「哥哥姊姊，昨晚是沒有播那齣《搜孤救孤》嗎？」

哥哥姊姊們哈哈大笑，大姊王儉拍了拍王選的肩膀：「弟弟，最後一齣戲真的別提多精彩了，那趙氏孤兒的劇情真是比書裏寫得還要生動，只可惜你睡著去夢裏見周公了。」二姊和大哥二哥在一旁應和著。

王選別提多難過了，用手敲打著自己的腦袋，後悔極了。「都怪我，我怎麼能就這樣睡著呢？唉，唉，唉。」王選連著歎了好幾聲氣，他發誓以後再也不要因為睡覺而誤事了。

長大後的王選確實養成了這樣的習慣，他在做一件重要的事情的時候，總是會廢寢忘食，全身心地投入。

王選家的天井是一個動物世界，爸爸媽媽都很喜歡小動物，所以家中雞、鴨、兔、龜、魚、鳥、鴿子、蟋蟀等應有盡有。

有一天放學回家，王選看見門口放著一個紙箱子，一打開發現裏面是一隻黑白相間的花貓。王選輕輕地抱出了小貓，小貓立刻躲到了椅子下面。

「你別怕我呀，我又不會傷害你。」王選溫柔地對貓咪說道。

只見小貓咪蜷縮在椅子下，葡萄般大的眼睛透出了一股靈氣，懶懶的樣子實在可愛至極。陽光照到椅子下面，牠弓起了背，毛茸茸的腳墊向前一搭，誇張至極地伸了一個懶腰，瞇著的眼睛一下子透出了靈光，如一位紳士步出了門外。只見牠皮毛微微一顫，這靈巧的小傢伙已經飛身上了屋頂，再抬起眼來卻已尋不到牠了。

「媽媽，媽媽，貓咪跑了，貓咪跑了！」王選看著消失的貓咪驚恐地大叫。

「別擔心，牠叫阿咪，乖得很，你敲敲這碗再喚兩聲，牠定會回來的。」王媽媽遞給了王選一個裝著魚肉的碗。

「阿咪，吃飯了，阿咪。」王選接過碗在地上敲了兩下，那靈巧的小傢伙果真一下子又出現了，並從房頂上跳了下來，一邊喵喵叫一邊來到了王選面前，大口大口舔食著碗裏的食物。

王選喜歡這隻貓，每次吃飯的時候都會特地留出幾塊肉偷偷地餵給阿咪；阿咪也喜歡王選，在天氣好、全家人曬太陽的時候，阿咪就喜歡趴在王選的身上任他撫摸。原來，愛是相互的。

冬天，寒冷刺骨，王選怕阿咪凍著，便讓牠睡到自己的被窩裏，半夜阿咪出去上廁所，上完之後還會鑽進他的被窩。後來阿咪生下小貓阿黃，甚至還想叼著小貓進被窩。

因為家庭的和諧溫暖和開明進步，王選和哥哥姊姊們在良好的家庭氛圍之中健康快樂地成長著，長大後他們個個都取得了驕人的成績。

小小班幹部

王選小時候個頭兒不高，甚至從小學到初中一直都是全班最矮的三名同學之一。但他長相斯文，眉清目秀，圓圓的眼睛透著一股聰慧和靈氣。同時他的性格活潑，又熱愛運動，班上的同學們都喜歡和他一起玩耍。

王選每天上課的時候都非常專注地聽講，所以每天放學後，他能夠在回家後不到一小時的時間裏把作業全部寫完，然後溜出家門和同學們一起玩遊戲。

因為王選個子不高，不太擅長競技類的遊戲，他偏愛一些技巧性的遊戲，最拿手的絕技就是「打彈珠」。

每次寫完作業之後，王選會偷偷溜到客堂，趁父母不注意，擼起袖子把一隻胳膊伸進水仙花花瓶裏，摸出幾個花花綠綠的玻璃彈珠，然後迅速放進口袋裏。

「爸爸媽媽，我出去找同學玩會兒。」王選的話還沒說完，就一溜煙地帶著玻璃彈珠跑了出去。

打彈珠的場所是孩子們的「祕密基地」，之所以叫祕密基地，是因為那個地方人少，不容易被車輛和大人影響，但實際上那個祕密基地只是一片普普通通的泥地而已。

一個小小的玻璃彈珠有好多種玩法。最經典的是撞球，他們會在任意位置安放彈珠，以「石頭、剪刀、布」的方式確定順序，撞到對方的彈珠，對方的彈珠就能歸自己所有。

這樣的玩法玩膩了，王選便會從一旁撿來一根小樹枝，然後在泥地上畫出一條彎彎曲曲的路線，那路線就好像一條蜿蜒遊走在泥地裏的小蛇，他們的玩法就是讓自己的彈珠順著這條路線向前走，誰的彈珠走得遠誰就能獲勝。

只見那彈珠好似從手中發射而出的一顆子彈，有時聽指揮，有時不聽指揮，孩子們在一旁為自己的彈珠加油，祕密基地裏充滿了歡聲笑語。

這樣的遊戲需要很強的判斷力和控制力，一有時間王選就會和朋友們在泥地裏「開戰」，漸漸便練就了一手絕技。後來，王選家水仙花花瓶裏的彈珠愈來愈多，都是王選在比賽裏贏來的。不過當彈珠積攢到一定數量之後，王選就會慷慨地把它們分發給朋友們。

王選在遊戲中頻繁獲勝和獲勝之後的慷慨，讓他贏得了班上同學們的欽佩與尊敬，在競選班幹部的時候，大家都投王選的票，想讓他當班長。

「你的字寫得不錯，畫也畫得不錯，又是班長，那這辦壁報的工作就交給你了。」班主任對王選說道。

王選點頭答應，他心想，這是我的第一份「工作」，一定要做到最好。

那時的壁報不是黑板報，而是把文章寫在紙上，然後貼在牆上。王選的職責包括組稿、審稿，也要自己寫稿。

王選收到的稿件，幾乎都是字跡十分潦草的，那一個個字寫得「龍飛鳳舞」的。沒辦法，王選只得默默地將同學們的稿件仔仔細細地謄寫一遍。

王選看著選出來的稿子，總覺得缺了點什麼。王選利用週末回家的時間，悄悄溜到別的中學去「取經」，他突然意識到，自己辦的壁報少了點吸引力。

為了增強壁報的吸引力，王選利用休息時間去圖書館查閱資料，四處搜集了許多智力測試和趣味數學題，還自創了一些文字遊戲。比如，在「口」字上下左右分別加上一個字，它能變成什麼字；「利」加一筆能變成什麼字；「差」加兩筆能變成什麼字。

每期的壁報一經推出，王選他們班的門口總是被圍得水洩不通，大家都被這些字謎和測試吸引，猜得不亦樂乎。

因為成績優異，並且班級工作做得很好，但是更多、更繁雜的事情朝王選壓來。暑假的一天，王選在學校裏一直忙到了半夜，看到天色已晚，並且第二天上午還要開會，他就在教室的地板上睡著了，一晚上沒回家，這可急壞了家裏的人。

那時已是深夜一點，媽媽還坐在客堂裏擔心著王選，王儉坐在媽媽身邊陪伴著。

「王選呢？他怎麼還不回來？也不知道孩子是不是出了什麼事。」媽媽眉頭緊鎖，焦急萬分，時不時就起身踱步。

大姊王儉安慰道：「這麼晚還沒回，我猜他一定是和同學去看夜場電影了，我們去找找看。」

媽媽點了點頭，拉著大姊就往外走，大姊在出門前特地拿來了一塊牌子，用毛筆寫上了「尋找王選」四個字。

母女倆半夜趕到電影院，舉著牌子，在黑乎乎的觀眾席間轉了幾圈，也沒找到王選的影子。沒辦法，她們只好在大街上尋找王選的身影。

無聲的黑夜還在蔓延，寒冷的風夾雜著王選媽媽和姊姊的擔心，母女兩人眼含淚花，依舊在空蕩蕩的街頭尋找著王選。

王選第二天中午回家時，發現媽媽蒼老了許多，才得知昨晚媽媽和姊姊上街尋找自己的事情，那時的王選意識到，無論自己多忙多累，都不能忘記他人的感受。

自那件事情以後，王選就算辛苦工作到晚上不睡覺了，也會跟自己的家人報個平安，不讓他們擔心。

長期的學生幹部工作雖然佔據了王選一大部份精力，但他樂於為班級奉獻，因為方法得當、時間安排合理，他在學業上也絲毫沒有馬虎，王選的功課成績一直沒有受到很大的影響。

在一九五四年那個炎熱的夏天，王選以優異的成績，如願考取了第一志願——北京大學數學力學系。

美好的校園

王選從小到大一直生活在上海，這次去北京上大學也是他第一次出遠門。透過車窗，他看著車窗外微笑著揮手告別的父母，鼻子微微一酸，心頭突然間掠過一絲不捨，他捨不得家，捨不得爸爸媽媽。然而，一路上有同樣懷揣夢想的同伴，離別的惆悵很快被激昂的歡聲笑語所覆蓋，青春總是與希望並肩而行的。

那時的交通沒有現在發達，經過兩天三夜漫長的顛簸後，終於到了北京。接站的校車滿載著新生駛進北京大學的西校門，美麗的校園景色一下子映入他的眼簾。

美呆了，那是他第一次走進一座這麼大的學校。石獅子、華表、拱橋、古木、湖光、塔影……每一處都像是一幅美麗的畫卷。

這座創立於清光緒二十四年（一八九八年）的第一所國立綜合性大學，擁有著雕樑畫棟的皇家氣派、兼容並蓄的文化風範，這深深觸動了王選的心。

校園北與圓明園毗鄰，西與頤和園相望。北大充份利用了這一難得的歷史遺產，營造了風景如畫的校園環境，使之既有皇家園林的宏偉氣度，又有江南山水的秀麗特色。這裏不僅有亭台樓閣等古典建築，而且山環水抱，湖泊相連，堤島穿插，風景宜人。校園內古木參天，綠樹成蔭，四季常青，鳥語花香，園林景色步移景異。這裏不僅有優美典雅的環境，還有豐富多彩、魅力無窮的校園生活，學生們欣賞自然風景的同時，還能感受到濃厚的人文氣息。美麗的湖光塔影伴隨著大師的背影，這正是燕園中最美的圖畫。

「震驚」二字，準確地形容了王選看到那些精雕細刻的大屋頂古建築時的感受，因為在當時的上海，從未有過這類建築。

王選在大學選擇的是數學力學系，院系的職責便是帶領學生們從中學的初等數學進入大學嚴密的高等數學。現如今的許多大學生在大學校園裏都希望自己的高等數學不要掛科，可見它的難度之大。

但值得慶幸的是，王選一入學，就得到了名師的精心指導，順利地跨越了這一門檻，邁入了高等數學的殿堂。

「解析幾何」由江澤涵先生講授，他頭髮花白，年過半百，是北京大學的一級教授。江老師總是在預備鈴聲響起之前就來到教室門口。鈴聲響起時，他便會帶著自編的油印講義，穿著皮夾克，捏著兩根粉筆緩緩地走進教室。

他不慌不忙地走上講台，將粉筆輕輕地放在桌上，生怕弄折了粉筆。然後面帶微笑，用他那好像會說話的眼睛平視一下同學們，將那隻因捏了粉筆而顯得枯瘦的手背在身後，往過道裏走了下，似乎在看同學們課前準備得怎麼樣了。

課間休息的時候，江老師總會拿出一個菸斗，然後慢慢地抽。那味道會瀰漫到整個教室，把班上所有人都籠罩其中。

江老師雖然看起來異常嚴肅，但實際上卻格外和藹可親。特別是透過一次鋼筆事件，王選對江老師的做法非常欽佩。

那天下課後，江老師批改完隨堂作業，不小心把紅鋼筆遺留在了講桌上。鋼筆在那個時候並不是人人都有的，因此被班上一個家境貧寒的學生拿走了。

「有人看見我的鋼筆了嗎？」江老師在放學前特地走到教室，當著全班同學的面問道。

班上同學都齊刷刷地搖了搖頭，江老師也並沒有進一步翻看每個同學的座位，侵犯他們的隱私。

「我相信考進我們北京大學的孩子都是品行端正的學生，這樣的錯誤一定只是因為好奇心作祟才犯的。不過，老師只是希望你們都能嚴於律己，做一個正直的人。」江老師說完後便離開了教室，教室裏突然異常安靜，好像每個人都在反思自己的錯誤。

第二天，當同學們關心老師的鋼筆有沒有找到時，江老師「哈哈」笑了兩聲，不好意思地解釋說，昨天是他弄錯了，其實鋼筆就夾在其中一本教案裏。

可到後來的同學聚會，王選才知道，原來鋼筆果真是被班上的一位同學拿走了，聽了江老師放學前說的那一番話後，那位同學反省了自己的錯誤，便帶著鋼筆偷偷地來到了辦公室。

「江老師，對不起，是我拿走了鋼筆。」那位同學把鋼筆遞給了江老師，羞愧地低下了頭。

江老師和藹可親地笑了笑，摸了摸那位同學的腦袋，說道：「沒關係，這枝鋼筆老師送給你了。」

那位同學有些不知所措：「我……我……」

「哈哈，你能主動勇敢地來到老師面前承認錯誤，就說明你的本性並不壞，只是需要正確的指導，這次就算是一個教訓吧。」江老師安慰著那位同學。

那位同學雖身為一個大男子漢，但也有些被江老師所打動，淚花在眼眶裏打著轉，他有些話想說卻又說不出口。

江老師見狀又連忙說道：「你放心，這是我們兩個人之間的祕密，我不會告訴任何人的。」

那位同學很是感動，對江老師深深地鞠了一躬，手裏握著鋼筆，然後跑出了辦公室。

教王選「高等代數」的先是聶靈沼先生，後是丁石孫先生。丁老師畢業於清華大學，教他們時才二十七歲，可算是年輕有為。王選還聽說北大的數學系代主任段學復不惜用六個人去換丁石孫一位老師來北大，可見他才華出眾。

教授「數學分析」這門主課的是程民德先生，他講課循序漸進，十分嚴密，培養了王選嚴謹的思維習慣。

王選在大學的數學學習中深深地喜歡上了數學，他和其他同學不一樣的是，每一堂課除了上課聽講，他還會找來一本與教科書風格不同的參考書對照著自學，然後找出解一道題目的第二種方法，再把兩種方法糅合在一起，融會貫通。

眾多名師的引導，加上嚴格的數學訓練，使王選扎扎實實地邁出了第一步，並為他後來做計算機應用研究奠定了重要基礎。

可以說，大學四年的數學學習使王選深刻感受到了數學的奧祕。王選在後來研究雷射照相排版系統最開始的階段，正是由於他在大學時代打下的扎實的數學基礎，才讓數學與才華相結合，發揮出了它們共同的魔力，憑藉一個「數字遊戲」，使遇到的重重困難迎刃而解，由此成了一位大家所欽佩的科學家。

麵條鬧出的笑話

在北京大學上學的時光裏，雖然學習上有些緊張，可是在生活上卻處處多姿多彩、輕鬆愉快。

北京在北方。與南方相比，這裏無論是在天氣還是在飲食上都有極大的差異。

北京的冬天，冷颼颼的風呼呼地颳著，光禿禿的樹木像一個個禿頂老頭兒，受不住西北風的襲擊，在寒風中搖曳。

那時的冬天沒有暖氣，靠生爐子取暖，一個燃煤火爐把管子通到每個隔斷的房間，讓每一個房間都能暖烘烘的。

北方的飲食並沒有給王選帶來多大的不便，吃慣了米飯的他對包子、饅頭一樣來者不拒。不過這北方的語言，卻讓說慣了上海話的王選著實花了一段時間來適應。

當時的普通話尚未普及，就連上海廣播裏講的都是上海話，在學校上課的老師講的也是上海話，所以王選的普通話水準不高，一句話說完，對方要思考好半天才知道他的意思。

「其實我覺得這道題可以用這個方法寫。」每次在小組討論會上，王選用上海話講出這句話時，小組成員們都會用疑惑的眼神望著王選。「等等，等等，你說什麼？慢點來，再說一遍。」王選每次都會被這樣的言語打斷。

所以王選剛到北京時，不太敢在班上發言，尤其是小組討論會上。

不過，好在同學們來自五湖四海，許多人的普通話水準還不如王選。但正因為大家都說著各個地方的方言，或是說著夾雜著各地口音的普通話，這大大提高了王選「辨別和聽懂各地方言」的能力，這也算是一大收穫。

在生活與習俗上，由於南北方的差異，王選還鬧了點小笑話。

那是王選第一次去北京城裏的飯館吃麵條。剛踏入飯館，王選就被那香噴噴的麵條味道吸引。

「老闆……給我……來……一碗……牛肉麵。」王選小心翼翼地用摻雜著上海話口音的普通話大聲對老闆說道，然後找了一個空位坐了下來。

「好勒，先生，您要幾兩麵啊？」老闆問道。

王選突然被老闆的問題難住了，他在南方吃麵的時候，從來都是說「一碗麵，兩碗飯」之類的量詞，用「碗」來計量。這位老闆突然問幾兩麵，他心中真是一點兒概念也沒有。

「先生，您要幾兩麵？」老闆怕王選沒有聽清，又問了一遍。

王選一時尷尬不已，也不知道別人都是怎樣點的，從嘴裏慢慢地蹦出了幾個字：「那就……先來一兩吧。」

說完這句話，飯館裏其他客人都齊刷刷地抬起頭盯著王選，王選一下子就意識到了自己好像點錯了兩數。

「小伙子，你這樣年輕力壯，至少也得來個半斤。」王選身旁一位好心的老先生提醒道。

王選不好意思地摸了摸頭，對著老闆說道：「老闆，我說錯了，我應該要半斤，初來乍到，什麼也不懂，真是不好意思。」

當半斤香噴噴的牛肉麵端上來的時候，王選才發現，這半斤麵才能抵得上南方的一碗麵。

後來到了困難時期，食品定量供應，王選才對「兩」有了精確的概念。一斤等於十兩，而一兩等於五十公克，相當於一個雞蛋的重量。

王選所在的班是一個團結友愛的集體，同學之間無論誰遇到生活或學習困難，大家都會伸出友愛的援手，互幫互助。

北京的冬天格外寒冷，一般氣溫都在零度以下。大家每天上課都會裹著厚厚的大棉襖，可唯獨班裏王樹桂的家境困難，天氣轉涼了都沒有厚衣服穿。

王選召集大家商量，每人湊點錢買來了一條絨褲，還找了位班上心靈手巧的女同學繡上了「王樹桂」三個字後，偷偷放在他的床頭。

王樹桂那天夜裏回到寢室，凍得直哆嗦，剛坐下，便發現了放在床頭的絨褲。「這是你們的褲子嗎？」他問同寢室的室友們。

室友們都搖了搖頭，王選對他說道：「這個是全班同學為你準備的冬日溫暖，你一定要穿喲。」

王樹桂原本一直推謝，怎麼也不肯接受，但他翻開褲腿，看到了裏面繡著自己的名字時，眼淚便止不住地流了下來。

「謝謝你們，我真的太感動了！同學們對我的好，我這一輩子都不會忘記的。」王樹桂一邊哭著，一邊拉著同寢室室友的手，感歎道。

「快試試合身不。」王選對他說道。

王樹桂套上了褲子，褲子稍微有一點點大。「沒關係，正好合適，只不過我要多吃點肉，長胖一點兒了。」正哭著的王樹桂突然又傻乎乎地笑了起來。他穿著絨褲，挨個兒謝了每一位同學。

那個冬天不僅王樹桂的心裏是溫暖的，看到他感動的樣子後，王選和同學們的心中也充滿溫暖。

在大學裏吃慣了食堂，偶爾改善一下伙食是大家的一大樂趣。一陣凜冽的寒風吹來，讓人不由自主地縮了縮脖子，想要從圍巾上獲取更多的溫暖。這樣的天氣，吃什麼好呢？這似乎困擾著不少人。

涮羊肉就是為王選和班上的同學們在這灰暗的季節抹上的亮紅色的一筆。

當時所用的不是火鍋，而是在桌上鑄槽注水，各人在自己面前的沸水裏涮著吃，這讓當時沒有吃過涮羊肉的王選感到驚奇萬分。

掛著水珠的青菜，肥瘦相間的羊肉……夾起一片羊肉，放進沸水裏，涮幾下，等待八秒，夾起！放進調料碟中一蘸，再放進口中大肆咀嚼，那嫩滑的羊肉在口腔中翻轉，肥而不膩，反而鎖住了更多的汁液。每咬一口，便有汁液迫不及待地湧出，流經舌頭，滑入喉中，彷彿全身的血液在沸騰。

大學裏聽京戲的機會不多，但碰上好的場次，癡迷京戲的王選也不會放過。有一次，一大批名角在北京展覽館演出，王選便一大清早就去排隊，買好了票，和同班同學一起興致勃勃地一飽眼福。

看完戲回到學校已經是深夜，校門關了，也不知當時是誰提議，大家翻牆而入，才順利回到了宿舍。

王選就是在這樣一個生機勃勃的大學校園裏求索學習的，北京大學給了他最好的學習環境和最大的自由空間。

嶄新的挑戰

大學一、二年級，系裏是不分專業的，同學們上的是一樣的基礎課，但是從大學三年級開始要分專業學習。因此，那一年對王選來說是非常重要的一年，他必須做出一個重要的抉擇：學什麼專業。

「今年我們北京大學數學系的學生，可選擇的範圍又擴充了一點兒，除了原有的數學、力學以外，還新增了計算數學方向。」老師在課堂上認真地介紹著他們的專業方向。計算問題可以說是現代社會各個領域普遍存在的共同問題，科學、工業、農業、交通運輸、醫療衛生、文化教育等，各行各業都有許多數據需要計算，通過數據分析，以便掌握事物發展的規律。

研究計算問題的解決方法和有關數學理論問題的一門學科就叫作計算數學。計算數學屬於應用數學的範疇，它主要研究有關的數學和邏輯問題怎樣通過計算機得到有效解決。

同學們都意識到現在學習的專業將會與之後自己所從事的職業密切相關，換句話說，其實選擇專業就是選擇自己以後要走的道路，選擇自己的命運與前途。所以這至關重要的一步，一定要考慮得明明白白的。

數學專業，這門古老而又成熟的學科，既有完整嚴密的理論體系，又有等待解決的道道難關。

數學系裏的很多同學從中學時就樹立了勇攀數學高峰、摘取數學桂冠上璀璨明珠的偉大志願，因此，他們在上大學後，數學專業便成了他們的首選專業。

如果選擇了計算數學，那就意味著以後將要與計算機打交道了。

早在一九四六年，美國科學家莫克利和埃克特就發明了世界上最早的電子數字計算機；一九五一年，他們又研製成功了世界上第一台通用商業化計算機。但在當時的中國，計算機在人們心中還是一個遙遠、神祕甚至陌生的夢想，沒有人知道之後的計算機將會擁有怎樣的發展前景。

計算數學當時在中國是一個新出現的學科，深入瞭解這個專業的老師本就不多，而且也沒有一本像樣的教材，應用性強於理論性，其中還包含著各種各樣繁雜瑣碎的技術，還有很多不確定性，因此並沒有得到太多人的青睞。

「王選，你想選擇什麼專業啊？」王選的室友在寢室聊天時好奇地問道。

王選仔細地思考了一會兒，說道：「其實，愈是古老、成熟的學科，愈是有完整嚴密的理論體系的學科，就愈難取得新的突破。」

「那你是要選擇計算數學了？」室友接著問道。

「沒錯，新興學科往往代表著未來，愈不成熟，留給人們的創造空間也就愈廣闊，發展前景也就愈大。」這就是計算數學讓喜歡挑戰和開拓的王選十分看重的原因。

王選一聊到這些，心中便充滿了抱負。「我還希望自己所學的知識能夠直接服務於國家建設，能夠為發展國民經濟發揮實際作用，我們只有把自己的工作和國家的前途命運聯繫在一起，才有可能創造出更大的價值。」

為了證明自己的觀點，王選開始頻繁進出學校圖書館，有兩篇文章引起了他的注意。一篇是錢學森對蘇聯的訪問的思考，他提到蘇聯把計算機應用於人造衛星等航太工業，使其發揮了非常好的作用。

另一篇由中國科學院數學研究所數學邏輯研究組主任胡世華撰寫。文章告訴我們，在未來的戰爭中，現代國防科技，包括航空航太、導彈等技術，應該透過數學邏輯、機率論、博弈論等數學理論與計算機連接，指揮作戰，才更有能力去控制整個戰爭。

王選認識到，計算數學的發展方向與原子能、航太、國防科技等現代尖端科學密切相關，是一個非常有前途的領域。

所以，王選下定了決心，選擇計算數學。對於這個決定，他有以下幾方面考慮：

第一，從上大學以後，他就有了一個比較強烈的為社會服務的願望。他不大追求理論上的完善，或者發表文章。在數學的純理論方面，當時很強調「漂亮」，就是做證明、下結論時講究非常簡潔。王選側重於希望自己的研究成果直接為國民經濟做出貢獻。

第二，他並不在乎這個領域有沒有多少東西可學，沒有東西可學恰恰說明有更多的空間需要開拓，發展的潛力更大。

第三，他並不討厭繁瑣的計算和具體工作。做技術性工作，比如計算機、計算數學都非常繁瑣，他恰恰不怕這些，不會在乎它的工程量和瑣碎的地方。只要覺得這東西有價值、有意義、對國家有貢獻，他就會不厭其煩。

王選選擇了計算數學，這是他一生中第一次重要抉擇。

大學四年課程基本結束後，王選便開始上實習課。學校的老師決定與中國空軍司令部第三研究所合作，改進「北大一號」計算機，作為王選與同學們實習課練習的一部份。因為王選平時的成績優異，對計算機設計有濃厚的興趣，同時他思維敏捷，邏輯嚴謹，老師便把「改進型」的任務交給了王選。

那段時間，王選每天都會早早地起床去調試機器。外面還是黑咕隆咚的一片，王選便迷迷糊糊地從宿舍的上鋪爬下來，摸黑拿了掛在床邊的一件衣服，穿上就去了實驗室。

在實驗室裏，王選一直專心致志地將全部精力放在調試機器上面，完全沒有注意自己的穿著。

他從早上五點一直調試到中午十一點多，肚子餓得咕咕直叫，他才意識到應該去食堂吃飯了。

一出門，外面的陽光很強烈，他隱隱約約覺得上衣有些不對勁，好像從藍色變成了黑色。不過，更大的問題困擾著他，他腦海中一直在琢磨著剛才調試機器時，移位暫存器為什麼老是調不出來。

王選在去食堂的路上想到了一些解決辦法，並隨手從衣服口袋裏拿出了鋼筆進行記錄，他覺得筆也細了一圈，王選以為是自己累糊塗了。

一進食堂，同學們便用異樣的眼光看著王選，一位同學問道：「同學，你穿的是誰的衣服啊？怎麼這麼短？」

王選的下鋪室友看見了王選，便迎面跑了過來，大聲說道：「王選，我可算找到你了，早上你走得太早，怎麼迷迷糊糊把我的衣服穿走了？」

王選這才意識到，原來並不是衣服顏色變了，也不是鋼筆變細了，而是自己摸黑把衣服給穿錯了。

周圍的同學們見狀一片哄笑，王選的「馬大哈」也因此出了名。

這次的實習課不僅讓王選的基礎知識更加扎實了，而且也大大加強了他的動手能力。更重要的一點是，王選對計算機設計產生了不可抑制的熱情，等待他的也將是更加巨大的挑戰。

學習好的祕訣

四年的大學生活真的是「美好、年輕、朝氣蓬勃」，給王選留下了許許多多美好的回憶。

北京大學得天獨厚的條件為王選提供了良好的學習環境。王選在大學期間也形成了一套獨特的學習方法，使他擁有了良好的思維能力和創造力。他對此做了如下系統的總結：

「第一，踏實、一絲不苟。我覺得對中學、大學的基礎課程，不應該老問學這些課程有什麼用，而應該認真學習，把基礎打牢。比如說學數學，主要的教科書，每句話都要弄明白，尤其是每個定理的推演、每個原理的闡述，包括每個基本概念都要弄得一清二楚，一絲一毫都不能馬虎。要嚴格、嚴格、再嚴格，培養一種嚴格的推理和歸納能力。假如這幾方面能力不嚴格鍛鍊的話，今後從事科學工作就會遇到問題。無論是搞計算機、搞數學，還是做其他任何領域的工作，最最忌諱的就是不踏實，好高騖遠，似懂非懂，這是學習最大的天敵。

「第二，要比較、鑑別地學習。一門課程如果有幾種不同方面的內容，就需要比較、鑑別，把它們的優缺點加以比較，最好是能夠把這些知識內容全部打通。你可以看參考書，但是要少而精，看參考書的目的在於鑑別、對比。我在大學三年級學習數學的時候花了很多精力。老師講課用的是一種方法，可當時在別人的參考書裏，用的卻是一個完全不一樣的方法，但內容大同小異，這就很有意思了。我當時仔細地學習這兩種方法，將兩者結合起來研究。通過這樣一個比較學習的過程，我對這個概念的瞭解提高了一大步，而且感覺知識一下子就生動活潑多了。

「第三，做習題的方法。中學、大學習題量都很大，那麼我堅持兩條原則。第一條原則，做習題前一定要把基本概念弄清楚，絕不在還沒有弄清楚概念的情況下很快去做題。這是很重要的，因為做題本身就是為了理解概念，同時掌握技巧。第二條原則，做習題不能搞題海戰術。當然也不能強調少而精，關鍵在於做完習題以後要總結——哪些題目是同一類的，到底解決了什麼問題，對理解哪個原理有幫助，掌握了什麼技巧。特別是當你做題的方法和別人不一樣的時候，你要總結，為什麼自己的方法不一樣，或者為什麼自己做不對這題。這樣在做下一個題目的時候，就可以把前面所掌握的技巧和方法推廣應用過來。因此，經過思考和總結經驗做十道題，可能會比你糊里糊塗做一百道題的效果更好，掌握的知識更牢固。

「第四，要邊學習，邊實踐。我很贊成大家在學習的過程中動動手。無論是搞物理的或是搞數學的，尤其是搞計算機的，在假期中，玩玩計算機，編編程式，做點實驗。實踐不能盲目，一定要在正確的原理指導下進行，實踐過程中要不斷總結，對原理方面有什麼新的想法和體會。動手對全面理解、掌握知識和提高自身能力很有幫助，這無論是對中學、大學還是對做研究工作都是很重要的。

「第五，要跨領域地學習。尤其在大學高年級和大學畢業以後，盡可能在年輕的時候能夠跨兩個領域學習和研究，因為兩個領域的結合點往往是空白點。我記得美國數學家、控制論創始人維納曾經說過一句話：『在已經建立起來的科學領域之間的空白區域上，最容易取得豐碩成果。』這句話我體會很深，我選擇計算數學專業，就是數學和計算機兩個方面的結合；六〇年代初，我從事軟體和硬體相結合的研究，研究軟體如何對硬體產生影響，以及七〇年代中期，從事雷射照相排版系統的研究，將計算機技術應用於高精度漢字字形信息處理領域，都是在兩個領域之間的空白區取得了新的成果。」

王選的學習方法中，積澱著王選幾十年來深刻的經驗總結，值得所有人學習。

一九五八年夏天，經過四年的大學系統學習，王選以優異的成績畢業，到北京大學數學力學系工作。一年後，他被調到新成立的無線電系。

他開始沿著科學研究之路曲折前行，等待他的有奇峰，也有千百個深淵。王選選擇了毫不猶豫地翻越山川，迎接無數接踵而來的挑戰。

學習就像攀登一座藏著許多寶藏的大山，需要勤奮才能開闢通向山頂的道路；學習也像茫茫的汪洋大海，只有辛苦努力才能泛舟其上。

研製「紅旗機」

秋風在優美的燕園裏穿行著，清澈的未名湖湖面上泛起了層層漣漪。王選留校任職後不久，便遇到了一個更大的挑戰——設計新型計算機「紅旗機」，這便開啟了王選一生中最「狂熱」的階段。

「這台每秒可進行一萬次定點運算的計算機『紅旗機』如果研製成功，它的運算速度就可以列入世界前十名。」張世龍老師這句話一說完，就獲得了大家熱烈的掌聲，王選握緊了拳頭，默默下定決心，一定會盡自己的全力去研製它。

雖說大家都熱情高漲，學習勁頭十足，但幾乎沒有人懂得計算機原理，懂電路的人也不多，不經過培訓，是無法參加研製工作的。

「我覺得咱們學校應該組織一個學習營，換句話說就是計算機培訓班，這樣我們才能深刻地瞭解嘛。」一位學生提議道。

張世龍老師點了點頭，說道：「我覺得這位同學說得挺有道理，讓我們教師組回去好好商量商量。」後來，張世龍老師便臨時組織了一個培訓班——紅旗營。

但是計算機研發是一門尖端學科，這絕不是一場群眾運動，也不能依靠一大批人一朝一夕來「大幹一場」，所以紅旗營在短短幾個月內就結束了。

儘管紅旗營被解散，但是近幾個月的學習和實踐已經為各所學校培訓了計算機研發的骨幹，許多學校也相繼開設了計算機課程。紅旗營已成為傳播計算機技術的種子基地。

五一勞動節前夕，百花爭豔，春光正好。

「張世龍老師，這是我這些日子做出的『紅旗機』的邏輯設計，你看看。」王選把設計書拿給了張世龍老師，這也意味著經過夜以繼日的緊張工作，「紅旗機」的邏輯設計終於順利完成。

張世龍老師看完了設計書，露出了欣慰的笑容，他對著王選鼓起了掌：「王選，你在沒有外來經驗可參考和借鑑的情況下，思路靈活，邏輯嚴謹，算法準確，如此複雜的設計，只出現了兩處小錯，實屬不易啊！」

王選有些不好意思，他對那兩處小錯還是感到有些慚愧，但是因為受到老師的表揚與肯定，王選對於「紅旗機」的研發信心大增。

「王選，你看怎樣才能解決整形電路這一難題啊？」王選的同事遇到難題後便拿去找王選商討。

而這個問題也讓王選回想起了上大學時的一次經歷。

那是一個炎熱的夏季夜晚，學校組織在東操場看電影，看完散場時，由於出口很窄，成百上千人只能一個挨著一個地慢慢往前挪。可天氣炎熱，排隊的過程中大家都熱得不行，豆大的汗珠一顆顆地往下滴。

「跟我走。」王選突然對著自己的同學們說道。

同學們一臉疑惑地問：「跟著你，走到哪兒去啊？」

「我呀，我這是溜邊策略。」王選說完，便帶著同學們繞過了中間的人群來到了操場出口的最邊上，不一會兒就和同學們一起走出了操場，早早回到了宿舍。

也正是因為這次的經歷，王選意識到整形電路其實也可以參照這個方法，用獨特的設計繞過整形電路，使這一障礙得到解決。

王選每次在遇到問題的時候都能夠有異於常人的思維方式和解決辦法，這和他善於思考和靈活機智是離不開的。

王選和同事們分頭進行任務的處理，將整機設計順利完成，而後機房佈置、插件生產和電源安裝基本就緒，便開始了「紅旗機」的全面組裝。

十月，秋風送爽，在經過一個暑假的埋頭苦幹後，「紅旗機」終於組裝成功，下一步，就是聯機調試的關鍵階段了。王選像一台開足馬力的機器，狂熱地加速運轉著，甚至到了忘我的地步。

對「紅旗機」進行調試的那年，是王選最緊張的一年。他早晨進實驗室，經常會工作一天一夜，然後睡一會兒，再繼續工作一天一夜，沒有休過任何一個節假日，沒有任何娛樂，連處理個人私事的時間也沒有。

整整一年，王選都處於高度緊張的狀態，除了吃飯、睡覺以外，全部時間是在實驗室裏度過的。

雖說王選和同事們都盡心盡力地為「紅旗機」忙碌著，但令大家擔心的事情還是發生了。因為「紅旗機」使用的是自主設計製造的國產元件，所以在電路和工藝上存在著很大問題。

王選和同事們每天都需要做的一件事就是「打鬼」，也叫「捉鬼」。因為元件的毛病比較多，所以王選他們就需要把這些毛病找出來。他們拿著一個小錘在後面的插件上輕輕地敲打，因為插件有虛焊點，或者元件不好，這麼一敲，它就會馬上停下來。

對於存在的諸多問題，王選一直在向同事們傳達自己的觀點：一定要扎扎實實地抓工藝，一絲不苟地對待每個細節。

上萬個焊點王選都一個一個認真地檢查，不放過一處紕漏。

機器二十四小時不停機地調試，大家分成日夜兩班，每天至少調機十二小時以上。王選待在機房裏不分晝夜地工作著，導致睡眠嚴重不足。

因為長期缺乏睡眠，王選開始說胡話。

「阿咪，快下來。」王選想到了孩童時期的貓咪，便脫口而出，引得身旁的同事很費解。那個時候，王選腦子裏只要是想到什麼，那些話語就立刻從嘴裏冒了出來。不過話一出口，王選立馬就清醒了。

後來，很多人都犯過睏，說過胡話，不過一到夜裏，王選立馬就精神了起來，在他心裏，這是一種責任感的驅使，他就想著機器要調試好，這是硬碰硬的工作，一定要把它完成。

這樣的一種壓力，促使著王選不斷開動腦筋，他想出各種各樣的辦法來解決面臨的具體問題，把所有的能量都發揮了出來。

一九六〇年五月一日下午，激動人心的時刻到了。控制器的信號燈不斷地發出指令，四十位運算的氖燈不停地閃爍，「紅旗機」輕快地算出了第一道題目——一個十次多項式的結果。

接著，「紅旗機」又算了幾道小題，全都準確無誤。王選和同事們歡呼雀躍：「太棒了！『紅旗機』終於『活』了！」王選和大家十八個月的美夢也終於實現了。

那些參與此項目的年輕人也就二三十歲，他們看著自己日夜拚搏、親手設計出的計算機，實現了快速的數學運算，每個人都由衷地感到了激動和自豪。

此時此刻，他們終於取得了「紅旗機」研製的階段性勝利。

那年夏天，王選被派往內蒙古大學出差，幫助調試一台計算機。

在北京開往呼和浩特的火車上，王選一上車便趴在座位前的小桌上睡著了，那一覺，是他睡得最香的一覺，昏天黑地，他也不知道睡了多少個小時，只知道那是他半年來睡得最長的一次。

用盡全力

「走，去吃田雞炒麵？」每次只要辦公室裏有一位同事這樣問，就會引起大家熱烈的反應。北京大學小南門對面的「長征食堂」有時會賣田雞炒麵和肉絲炒麵。這些美味佳餚為一直吃外食的他們帶來了太多的樂趣。

每次王選和同事們去校門口加餐，只要那天有田雞炒麵，每個人都會立即點上半斤。「老闆，一人來半斤。」然後頭也不抬地吃完，這炒麵在他們眼裏簡直就是天下無雙的美味。

「我們研製『紅旗機』，身體虧損嚴重，吃飽了正好回去睡一覺，把今天的營養全部吸收，改善一下身體。」王選的同事們經常這樣感歎道。

可王選雖然點頭，心裏想的卻是：今天好不容易飽餐了一頓，有了能量，可以比平常多看一個小時的書。加完餐的晚上，王選都會看書看到很晚。

長時間的勞累和飢餓徹底拖垮了王選的身體。那天早上，王選本想早早起床去圖書館，可腦袋像一塊重重的大石頭，怎麼也抬不起來。他的胸口也好像有東西一直壓著，呼吸有些困難。

王選的同事見他面色蒼白，擔心極了：「王選，你感冒了嗎？」

王選有些難受，就連說話的力氣都要攢很久：「我……大概是感冒了，身體實在是不舒服，今天你能幫我代下班嗎？我就在宿舍躺會兒。」

同事看王選的狀態不對，皺了皺眉頭：「代班當然沒有問題，可生了病也不能拖，你今天就去醫院好好檢查，開點藥吃吧。」

王選輕輕地點了點頭，他想著如果躺一會兒能緩解一點兒就不去醫院了，學校裏還有一大堆的事情等著他去解決。

可是休息了半天的王選絲毫不見好轉，而且越發嚴重。這原因就在於連續三年的勞累，尤其是最近一年超高強度的工作，完全超出了正常人所能承受的極限，況且王選平時也不懂得保養身體，保持體力。

王選的情形就好像是打仗的時候全部心思都放在衝鋒上，中了子彈卻完全不知道，實際上身體內部已經損耗很大了；又好像是長跑，跑了很長一段時間，已經累得很厲害了，到了最後，又要靠第二次力量來衝刺，王選已經把第二次力量也用枯竭了。

沒有辦法，王選只好掙扎著起床，拖著沉重的身體去北京大學第三醫院看病。

可最讓人擔心的是，王選的病無法確診。

「這可能是一種凶險的膠原病，名字十分可怕，叫『紅斑狼瘡』，可不知為什麼，化驗的血液裏卻找不到紅斑狼瘡細胞。」北醫三院的大夫告訴王選。「你這個病，回去以後，千萬不能接觸陽光，即使是陰天出門也要戴上帽子。」醫生叮囑著王選，還給他開了許多治療紅斑狼瘡的藥。

治療了一段時間，陰冷的冬天都已經過去了，王選的病卻一點兒都沒見好轉。沒辦法，他只好轉到別的醫院去試試。

王選又來到了中國醫學科學院阜外醫院，那兒的胸內科主任是當時國內的權威醫生，同樣診斷王選得的是一種膠原病，但不是紅斑狼瘡，而是「結節性動脈炎」。這兩種病在那個年代都是很難醫治的重病，儘管王選吃藥打針，用盡辦法，最後甚至用上了荷爾蒙，但始終發燒不退。

王選的一位同事看著王選也心疼不已：「王選，你都病了這麼久了，學校的食宿和起居條件都不太好，我尋思著，其實你可以回趟老家，等病養好了再來學校。」王選的同事們都真誠地給王選提建議。

王選思考了好一會兒，又想了想自己痛苦不堪的身子，採納了大家的建議，於是向學校提出了回上海治病的請求。學校批准了他的請求，為了看病方便，還同意王選把戶口也暫時轉回上海。

一九六二年六月裏炎熱的一天，王選拖著自己的行李，拖著沉重的身體，在同事們的攙扶下緩緩地登上了回家的火車。

同事們看著車窗裏虛弱的王選坐在那裏，心中充滿了同情與憐惜。平日裏的王選是一個性格溫和，聰敏活躍又認真勤勞的人，想到他前途未卜，大家都難過極了。

王選也透過車窗看到了表情凝重的大家，便想著要活躍活躍氣氛，於是慢慢抬起了胳膊，朝著大家揮手：「永別了！」

「王選，你可別瞎說！」王選的同事毛德行連忙制止。

王選的這一句話，不僅沒讓大家開心，而且讓幾乎所有人的眼淚奪眶而出。

經過了長途跋涉，王選終於回到了自己離開已久的溫暖的家，石庫門的房子一點兒沒變，變的只有爸爸媽媽的年齡與樣貌，皺紋漸漸爬上了他們的臉頰，他們的身材矮小了許多，頭髮裏也多了許多銀絲。王選意識到，爸爸媽媽已經老了。

王選的媽媽看見了弱不禁風的王選，十分心疼：「孩子，你就是累病的。上中學的時候，你也忙，可不管多晚回家，都能吃到我給你做的夜宵補身體。可現在你遠在北京，別說夜宵，就是飯也吃了上頓沒有下頓，能不生病嗎？」

王選一聽到母親說這些話，突然油然而生了一絲絲委屈。

王選媽媽的眼睛裏淚光閃閃，她安慰道：「也不要緊，咱們有病治病，一定會沒事的。」

聽了母親的話，王選好像一下子又回到了小時候，一下子又有了小時候在家裏才有的那種依賴感。

回到上海後，接下來的事情又是跑醫院，醫生需要瞭解王選過去的病情，可是病歷本落在了北京的醫院裏沒有帶回來。

好在王選的記憶力強，他根據回憶，自己寫了一份詳細的病歷，上海的大夫拿到手都會疑惑地問道：「你以前是在醫院工作的吧？病歷寫得那麼專業。」

「我啊，我是搞計算機的。」王選有些不好意思。

醫生一聽他是搞計算機的，便恍然大悟：「原來如此，難怪邏輯如此嚴謹，用詞也這樣準確呢。」

可是，上海的大醫院和北京的大醫院一樣，還是無法斷定病因。後來王選的二哥打聽到了一位姓包的中醫，中醫把了把王選的脈，說道：「小兄弟，你來得有些遲了，不過也可以試試。」

王選吃了中藥，開始的兩週沒有好轉，然後慢慢地竟奇蹟般地好轉了。原來王選是由於過度勞累，導致功能失調和自主神經功能紊亂，只要好好休息、悉心調理就能慢慢康復。

王選的媽媽聽了醫生的話，便親自抓藥熬藥，此外，每天都儘量給王選換著花樣做各種各樣的飯菜，甚至還找人去買昂貴的甲魚來給王選補充元氣。

母親的悉心照料和堅強給了王選很大的信心。他愈來愈相信人的生命力是很旺盛的，會隨著他自身的抵抗力而增強，完全有可能治癒一些被認為是無法治癒的可怕疾病。

閒不下來的人

王選回到家也閒不下來，一有空閒就研究從北京帶回來的資料。母親看到後，原本溫柔的她一改常態，眉頭緊鎖，放下手裏的事情，然後走到王選面前，一把搶過王選手中的資料，嚴肅地說：「你的病還沒有好，等你康復了再開始研究，這些資料我先替你收著。」

沒辦法，王選只得好好聽媽媽的話，這段時間他確實好轉得比較快。王選是個不甘碌碌無為的人，身體一有好轉，他就又想到了中斷的文獻研究。每次媽媽去廚房燒菜的時候，他就偷偷溜到媽媽的臥室裏，拿出資料看上幾分鐘，這樣才滿足。

每天上午，王選最常做的一件事就是搬個小板凳坐在天井裏曬太陽，陽光灑在頭上、肩上，沐浴在陽光下的王選，能夠放鬆心情，驅散腦海中的所有雜念。

「王選，你同事來找你了。」王選媽媽笑著從門口走來，叫醒了正在太陽底下休息的王選。

王選抬起頭睜開了眼睛，搖了搖頭又揉了揉眼睛，生怕是自己的幻覺，緩緩又驚異地說道：「陳堃銶？」

只見一個身材消瘦的女孩來到了王選的面前，問道：「王選，你的病好點沒有？」

王選愣了半天才反應過來，又有些不好意思地說道：「好……好多了，你怎麼來了？」

「我呀，學校放了年假，我就回來探親了。我老家也是上海的，我們大家都很掛念你，所以特地來看看你恢復得怎麼樣了。」陳堃銶回答道，並且還提來一筐雞蛋。

陳堃銶的這次來訪著實讓王選高興不已，他激動地對陳堃銶說：「等我病好了，我最想做的就是繼續熟悉軟體，將軟體和硬體相結合，還得麻煩你幫我找找這方面的資料了。」

陳堃銶點了點頭，她看到在家養病的王選內心還想著科學研究的事情，發自內心地對他產生了一種敬佩之情，在那之後她便盡全力幫助王選尋找資料，最讓王選開心的是，陳堃銶還為他蒐集到了許多外國文獻。

雖然王選以前讀過大量的外國文獻，並且他的英語水準是系裏最好的，他不用字典就可以輕鬆地閱讀英語專業書籍，但他發現自己的閱讀速度總是很慢。他在家裏偷看陳堃銶為他蒐集的外國文獻時，這種感覺更加強烈。

王選反思，他在讀一篇文章或一本書時，有很多時候基本沒有什麼生詞，但是看的速度就是不快，不能做到像看中文書籍那樣一目十行地瀏覽，王選認為是自己的反應能力不夠快。

於是，王選決定趁著在上海養病的時間，好好在家中鍛鍊英語聽力。

王選在閣樓上看到二哥的一台短波收音機，欣喜若狂，因為收音機可以搜索到不同類型的廣播節目。王選擺弄著收音機，很快就找到了北京廣播電台的外語廣播節目，每天都準時收聽。

「當我第一次開始聽的時候，我總是有聽不懂的單詞。後來，我聽得愈多就愈熟練。再後來，我經常聽四五分鐘才會遇到一個新單詞。」王選每當和大家談起他學英語的經歷時都非常自豪。

後來，王選就上癮了，開始找外語廣播。很快，他發現了未受干擾的英國廣播公司（BBC）的英語廣播節目，該節目每天下午五點十五分到五點三十分播出十五分鐘的新聞，隨後是一些科技節目。

這個節目的發音比中國的外語廣播更準確、更難，這也剛好符合王選的要求。

在接下來的兩年多的時間裏，王選堅持每天收聽半個小時的英語廣播。他的聽力水準得到了很大的提高，英語閱讀速度也明顯加快。他終於能夠在讀英語文獻時一眼看過去就能讀幾行字，像讀一本中文書一樣，而且他的口語能力也大大提高了。

一九六三年夏天，王選覺得身子稍微有些力氣了，便會花上半天時間，坐車到上海圖書館看文獻。那個時候，氣溫經常高達三十九攝氏度，虛弱的王選擠在滿是乘客的公共汽車上，汗如雨下。可是，到了圖書館也沒有空調，悶熱難耐。與別人不同的是，王選每當看到那些資料，就會忘卻所有，如飲瓊漿，如沐清風地沉浸在文獻的海洋裏。

王選一邊看著陳堃銶從北京帶來的資料，一邊看著自己在圖書館找到的文獻。資料不僅僅是資料，也是王選的精神寄託，正是這些資料、這些文獻，把求知若渴的王選從「鬼門關」裏拉了回來，不過，這其中還少不了「愛人」的相助。

愛的力量

一九五八年至一九六〇年期間，中國掀起了計算機發展的浪潮，王選是計算機硬體的主要設計者。在這樣一個火熱的年代，似乎每個人都有強烈的責任感。

陳堃銶對王選的這句話印象極其深刻：「當時都玩命了，經常是連續工作一天一夜，最緊張的時候四十個小時都不睡覺。熬完通宵回到宿舍，還沒解開衣扣就睡著了。」王選這種無私的奉獻精神讓陳堃銶深深地敬佩。

三年經濟困難時期，王選飽受飢餓之苦。陳堃銶無法想像王選是怎樣度過的。王選在陳堃銶的眼中始終是一個對科學研究近乎狂熱的人，就算是臥病在床，王選也一刻不停地研究資料。在二十世紀六〇年代初，因為中國資料的缺乏，他研究的計算機高級語言編譯系統在國內鮮為人知，甚至在國外都還沒有被推廣。陳堃銶知道王選對資料的渴望，便千里迢迢為王選帶了一份珍貴的英文資料——「ALGOL60」修改報告。

這是國外新研製出來的一種計算機高級語言，像「天書」一樣，國內沒有幾個人能完全讀懂。

可這天書對束手無策、焦急萬分的王選來說簡直是雪中送炭。王選一邊研究著這份來之不易的報告，一邊對這位提供資料的「小老師」——數學系年輕女助教陳堃銶產生了一種特殊的情愫。

他仔細回憶著與陳堃銶過去交往的一幕幕，心中充滿了溫暖與幸福。陳堃銶比王選高一個年級，一九五七年畢業留校後，曾經輔導過王選他們班的計算方法和程式設計課，也就是從那時起，他們倆之間產生了千絲萬縷的聯繫。

在上海養病的日子裏，王選總是能收到陳堃銶為他捎來的珍貴資料，坐在桌前的他鋪開了信紙，決定給陳堃銶寫下他有生以來的第一封情書。

「你願意和我在一起嗎？」這是王選寫給陳堃銶信中的最後一句。

王選不知道陳堃銶收到這樣一封信之後會怎樣回覆，本來自己的身體就不是很好，這樣著急地想要建立戀愛關係是不是太過冒失？他的心中忐忑不已。但讓王選萬萬沒有想到的是，他很快就收到了陳堃銶的回信。

「同意發展兩人之間的關係。」陳堃銶在信中對王選回應道。

王選欣喜萬分，等到他病情稍微好轉了一些，就迫不及待地從上海回到了北京大學的校園裏，同陳堃銶一起繼續埋頭鑽研計算機。

一九六六年，一場浩劫深深影響了在北京大學鑽研計算機的王選。他因為出身不好，被劃為「黑五類」，還因為學習英語而經常收聽外語廣播，被定為「修正主義苗子」，安排在京郊昌平分校進行「學習」教育。

那段孤寂閉塞的日子，王選過得很是艱難。可陳堃銶的到來總是像冬日的太陽，溫暖地照耀著王選的心靈。陳堃銶怕王選吃不好、睡不好，每次前來都會帶上罐頭、點心，並且為王選打掃凌亂的房間，洗洗衣服，曬曬被子。在王選眼裏，陳堃銶每次到來的溫馨時光總是一轉眼就過去了。

在這偏遠的郊區住了沒多久，王選的病就復發了，並且日益惡化。王選連自己的日常起居都難以自理了，倘若得不到很好的醫療護理和照顧的話，等待他的可能就是病故在昌平了。

陳堃銶看著病重的王選，很是心疼，就在這山窮水盡之時，她下定了決心對王選說道：「我們結婚吧！」

王選覺得陳堃銶這話是在安慰已經病重的他，歎了口氣，說道：「我已經病成這樣了，不想連累你了。」

「跟我回北大，讓我來照顧你。」陳堃銶一邊搖著頭，一邊拉起了王選的手說。「我們結婚之後，我就可以名正言順地照顧你了，別人也說不上閒話。」

「堃！……」王選聽了這番話，被重情重義的陳堃銶感動得幾度哽咽。

但王選要和陳堃銶結婚的消息一經傳開，他們身邊的同事們便議論紛紛。

「王選？沒聽錯吧？你為什麼要找個病懨懨的人結婚啊？」

「你的終身大事為什麼決定得這麼草率啊？」

「你條件又不差，又不是找不到伴侶了，為什麼想嫁給王選啊？」有些人很不客氣地對陳堃銶說道。

但是這些流言蜚語並沒有影響陳堃銶的決定，因為她堅信，真正的愛情不僅能同歡樂，還能共患難；因為她清楚，王選這一路是怎麼走來的，他又是怎樣被病魔纏身，怎樣與命運抗爭的。

在經歷了種種困難之後，王選和陳堃銶終於在北大一間不到十平方公尺的房子裏舉行了婚禮。婚禮辦得非常簡單，沒有鞭炮酒席，只有陳堃銶家裏人寄來的一套寢具和一身衣服。他們也沒有接受任何的賀禮，就連婚紗照也是後來補拍的。

結婚之後，勤勞的陳堃銶在方方面面都對王選照顧有加，不僅承擔了所有的家務活，每天還會把病重的王選扶到椅子上，讓他在院子裏多曬曬太陽。她一直想對他好，盡可能地好，因為她不知道王選的生命到底還能夠堅持多久，只知道她想珍惜，很愛惜。

因此，陳堃銶每天都會無微不至地悉心照顧著自己的丈夫。

王選身體稍微好轉了一點兒，就又要被安排去學習，每天都要寫檢查、挨批判。每個週日的傍晚，是王選要去「學習班」的時間，陳堃銶因為放心不下王選，所以每次都會夾著被子跟在他後面，一直把他送到那裏，放好被子才轉身回家。

「如果不是她，我扛不過來，也不可能會有今天的一切。」王選在回憶這段痛苦的日子時曾說過：「多虧有了堃，我才堅持了下來。一個男人如果有真正信任他、理解他的妻子，那是不會輕易自殺的！」

他們的小家在三樓，那裏沒有自來水和下水道，每天上下樓打水倒水的重活都是陳堃銶做的，她本就身體瘦弱，所以會經常累得上氣不接下氣。再加上學校裏沒完沒了的「運動」，陳堃銶每天都疲憊不堪。

支撐著他們二人的，不是別的，正是他們二人彼此的愛意。正是這份愛意，讓深受重病折磨的王選一直有生的希望；正是這份愛意，讓瘦弱不堪的陳堃銶堅強地撐起了整個家。

智慧在閃光

機遇，往往在苦難中降臨。

終於到了一九七四年，一項影響漢字傳承乃至中華文明進程的工程，在中國悄然設立了，這就是被稱為「748工程」的中國國家重點科技計畫——漢字信息處理系統工程。

再次回到學校的王選，與陳堃銶無論是在生活上還是在科研上都達到了一種默契的程度。

那天，王選和陳堃銶正準備一同去食堂吃飯，陳堃銶被同事攔了下來。同事問道：「『748工程』的三個子項目的報表做好了沒？」

陳堃銶連忙回答道：「嗯，已經送去給校長了。」

這是王選第一次聽到「748工程」，他既好奇又疑惑，回到家後便迫不及待地向陳堃銶詢問細節。

「什麼是『748工程』啊？還有，中午去食堂時你們說的三個子項目分別是什麼呢？」王選就像一個求知若渴的小孩，向陳堃銶提出了一個又一個問題。

「這個『748工程』主要是對三個方面進行研究，也就是它的三個子項目：漢字通信、漢字檢索和漢字精密照排系統。」陳堃銶耐心地向王選解釋道。

王選聽後精神一振，多年的科學研究培養出了王選的敏銳嗅覺和前瞻眼光，他聽到「漢字精密照排系統」幾個字時，預感到這是一個價值和前景都不可估量的重大項目。王選立即有了興趣，便興致勃勃與陳堃銶分析討論了起來。

漢字精密照排系統是指利用計算機和相關的光學、機械技術，對中文訊息進行輸入、編輯、排版、輸出以及印刷，也就是用現代科技對中國傳統的印刷行業進行徹底改造。

王選和陳堃銶一致認為，雖然這個工程難度巨大，但它的價值和前景同樣不可估量，因為在當時，中國最多的工廠應該就是印刷廠了。

在印刷行業，西方早已採用雷射照相排版技術，但直到二十世紀七〇年代末，中國仍沿用「以火熔鉛，以鉛鑄字」的鉛字排版和印刷，能耗巨大，效率低下。

從人類發展的歷史長河來看，印刷工業的發展狀況是反映一個國家經濟、科技、文化、教育發達程度的重要標誌。中國古代文明源遠流長，印刷術是中國古代的四大發明之一，隋唐之際產生了雕版印刷，最具代表性的是唐懿宗咸通九年（八六八年）印刷的《金剛經》。

大約在宋神宗慶曆八年（一〇四八年），北宋的畢昇發明了活字印刷術，即用膠泥做成一個個規格一致的毛坯，在一端刻上反體單字，筆畫突起的高度大致與銅錢邊緣的厚度一樣，用火燒硬，成為單個的膠泥活字。為了適應排版的需要，一般常用字都備有幾個甚至幾十個，以備同一版內重複的時候使用。遇到不常用的生僻字，如果事先沒有準備，可以隨製隨用。

十五世紀中葉，德國的古騰堡將鉛鋅合金活字與印刷機相結合，發明了鉛活字機械印刷術，大量推廣並形成了產業，實現了訊息傳遞技術的飛躍。

十九世紀中期，西方的鉛字機械印刷術進入中國，逐步成為中國印刷業的主宰。

王選的腦海中突然浮現出了他曾經在印刷廠裏親眼見過的難忘的一幕：排版工廠裏擺放的是一排排黑壓壓的鉛字架，揀字工人一邊托著木盤，一邊拿著文稿，不停地把文稿需要的字從鉛字架上找出來，放在托盤中，在鉛字架之間來回走動。隨著鉛字的增多，托盤便會愈來愈重，工人們的手臂也愈來愈痠。

一個熟練的工人一天最多只能排七千字，人均還不足五千字，而且勞動強度也非常大，這一天走下來，要托著托盤來回走上十幾里路。

如果漢字精密照排系統順利研製成功，將在中國報業、出版印刷業乃至媒體傳播領域引發一場轟轟烈烈的革命！

王選喜歡挑戰，喜歡創新，並且擁有克服困難、實現價值的決心和信心。王選在選擇攻克漢字精密照排系統後，他的創作熱情也被激發出來了。

根據慣例，王選首先要瞭解國內外照相排版技術的研究現狀和發展趨勢。那段時間，他一整天都獨自待在北京大學圖書館閱讀資料。

但北京大學圖書館的相關資料不夠全面，王選認為，中國科學技術情報研究所是當時中國科學技術情報蒐集的權威機構。那裏的資料，特別是國外的資料，非常豐富、全面，綜合性和實效性更強。

王選開始在北京大學和位於和平街的中國科學技術情報所之間來回奔波。他每週去大學三到四次，一去就會在那裏待上大半天。當時從北京大學到情報所的交通費是兩角五分。因為少坐一站就能省五分，所以王選每次都會早點下車，再步行到情報所。

一九七五年春天的幾個月裏，王選瘦削孤單的身影總是出現在和平西街到和平街的路上。他的目光堅定，眉毛或緊蹙或舒展，他無時無刻不在思索著，完全沒有注意到路邊開了一樹的玉蘭花像一隻隻站滿了樹的白鴿，也沒有感覺到北京春天裏獨有的狂風與柳絮。

情報所中外文文獻為王選開啟了一個洞察世界的窗口，那些文獻的借閱登記卡上幾乎都是空白，王選總是第一個借閱者。就這樣，王選如飢似渴地學習著，那時的文獻資料雖然可以複印，但是費用不低，所以王選總會隨身攜帶一個筆記本，看到一些重點資料就拿出筆抄寫在筆記本上。

圖書館的讀者們總會看見一個戴著黃框眼鏡的男子一坐就是大半天，看著資料不停地抄寫著，筆記寫得密密麻麻，但是卻整潔清晰。

照相排字機簡稱照排機，是採用照相的方法來排文字版的一種機器。而王選要研究的是專門為中國文字設計的漢字雷射照相排版系統。

經過一番深入的研究，王選得出了一個重要結論：研製漢字雷射照相排版系統，首先要解決漢字字形訊息在計算機中的儲存問題，這樣才能夠做到既有輸入也有輸出，為之後的印刷服務。

「漢字的儲存」便是擺在王選和他的團隊面前的第一個難題。

沉重的打擊

北大宿舍區的柿子樹已經長得非常茂盛了。王選坐在椅子上，一隻手拿著報紙，一隻手拿著放大鏡，仔細地觀察著。這段時間以來，王選就像是上癮了一般，只要有時間就會盯著報紙看個沒完。

但王選並不是在看報紙上的文字內容，而是在觀察每一個字的結構筆畫，漸漸地，透過放大鏡，這些大小各異、字體不同的字在王選眼中變得愈來愈大，每一個筆畫都被分解開來，不僅僅分成了橫豎撇捺，更細化成一個個小點，組成了黑壓壓的點陣。

陳堃銶給王選端來了水果，關心地說道：「先吃點水果休息一下吧，漢字儲存有什麼進展了嗎？」

王選緩緩地合上報紙，用手推了推鏡框，有些發愁地說：「這些漢字形狀各異，我怎樣才能讓計算機好好認識它們呢？」

「要不給這些漢字編個號，不過，也不知道這麼多漢字要用多少個號。」陳堃銶嘗試性地向王選提出了自己的看法。

王選突然一驚，好像想到了什麼，一拍大腿：「對啊！數字啊，用數字不就成了。」

「是給它們編號嗎？」陳堃銶問道。

王選搖了搖頭，收好了報紙，起身說道：「用0和1就夠了。計算機是可以處理數字訊息的，如果我們把漢字寫在方格紙上，把有筆畫通過的小方格記為1，把沒有筆畫通過的記為0，這樣，每一個漢字就能變成一個可以被計算機所認識的數字化點陣了，同樣也就化繁為簡了。」

陳堃銶聽了王選的話很是認同，開心地拍了拍手：「太棒了，這個漢字儲存的問題就這樣被你解決了！」

王選有些不好意思，不一會兒就又嚴肅了起來：「走，我們先去跟同事們說說，看看之後還會不會遇到什麼問題。」

說完，他便拉著陳堃銶快步走向了研究室。

王選和同事們交流完自己的方案之後，大家幾乎都點頭同意，可才畫完一個漢字的點陣圖時，他們便發現了問題。

「王選，你看看這個『國』字的點陣圖，倘若字形大一號或小一號，它們的點陣圖都會相應發生變化，而且咱們中國漢字不像英文只有二十六個字母，光常用字就有五六千個。」一位同事疑惑地提出了問題。

這個問題也確實成了橫亙在王選面前難以逾越的高山，王選思索著，必須想出一種巧妙的方法對漢字訊息進行大大的壓縮，這是關鍵一步，不能步別人的後塵，必須另闢蹊徑。

王選拿出了字典琢磨著每個漢字的筆畫，很快發現了規律：漢字雖然繁多，但每個漢字都可以細分成橫、豎、折等規則筆畫和撇、捺、點、鉤等不規則筆畫。

「我們是不是可以先想想辦法對這些筆畫進行統計，看看能否選出若干典型筆畫，供整套字使用，然後再去研究怎樣用較少的訊息描述筆畫。」王選向大夥兒提議，大家紛紛點頭，議論紛紛。

「我想我們應該可以請北京大學印刷廠幫忙。」陳堃銶突然想到這個方法，一邊說一邊準備前去拜訪印刷廠。

陳堃銶去印刷廠找來了字模稿，將字模稿上的一個個漢字字形放大在坐標紙上，再描出字形的點陣和統計筆段。她發現一個字中的橫、豎、折的基本部份比較固定，變化的是頭和尾，而頭和尾的樣式也不是很多。

王選拿著一張張的字模稿，像是著了魔似的反覆分析著，每天都在思考用什麼辦法既能減少儲存量，又能保證字形在變大變小後的質量。

令大家沒有想到的是，王選的數學功底發揮了意想不到的效果，他首先想到的便是用「輪廓」來描述漢字字形。

王選在漢字的輪廓上選取了合適的關鍵點，然後將這些點用直線相連成折線，用折線代表漢字的輪廓曲線，只要點取得合適，就能保證文字在放大縮小之後的質量了。

王選和陳堃銶粗略統計了一下，發現漢字中規則筆段的比例佔了近一半，一套七八千字的字模可能會包含幾萬個橫和幾萬個豎，但是分類之後就只有十幾個類型的橫和豎了。

經過反覆地研究和觀察，一個絕妙的設計在王選的腦海中形成了，他興奮地對陳堃銶說：「我們可以給規則筆段，如橫和豎等，用編號表示；而其餘撇、捺、點、鉤等不規則筆段仍用輪廓來表示，這樣就可以解決字形變化後的質量問題了。」

陳堃銶聽了王選的想法之後，欣喜萬分，她還發現了這種方法的另一個優點，那就是不用把每一個漢字參數都輸入計算機裏去，只需儲存一些有代表性的符號，隨意搭配拼接成漢字。

為了驗證這個想法，王選不停地統計和計算著，遇到問題就和陳堃銶討論，最終獲得了成功，能很好地控制字形變大或者變小時敏感部份的質量，從而實現了字形變化後的高度保真。

王選的這項發明在一九七五年時是世界首創，並且比西方早了整整十年。

一九七五年九月，王選的字形訊息壓縮技術、字形的高速還原技術進一步成熟。在二十日那天，陳堃銶通過軟體在計算機中模擬還原出了「人」字的第一撇，她高興地在機房裏跳了起來，大家對研究也愈來愈有信心。

可在十一月初的北緯旅館論證會上，給了大家一個沉重的打擊。

會上，因為王選身體還非常虛弱，陳堃銶代做報告。陳堃銶展示了他們的最新成果：一個用字形訊息壓縮技術、通過軟體還原、寬型印表機列印的「義」字。

「這個字雖簡單，但是包括了撇、捺、點三個不同的筆畫，可以看出筆鋒的質量。」陳堃銶耐心地向大家講解著方案。

與其他單位相比，王選的方案新穎獨特，並且具有超前性，他們本以為會得到大家的一致認可，可沒有想到的是，大多數與會者竟暗中搖頭。

評委會的人聽完陳堃銶的方案之後給了王選團隊這樣的評價：「印刷界目前對計算機很不瞭解，而且王選同志的方案更是聞所未聞，我們認為字模應該是看得見、摸得著的，要實實在在地印刷，你們又是壓縮，又是解壓縮的，簡直就像在玩數學遊戲，能保證質量嗎？而且這就好比天方夜譚，太脫離實際了。」

評委會的評價就像是晴天霹靂，大家一瞬間都突然對此項目失去了信心，因為沒有人認可他們。這是「748工程」成立以來遇到的最大的一次挫折，王選心情沉重，但他並沒有一點兒退縮的情緒，反而更加堅定了繼續走下去的決心。

「我們一定要證明給他們看！」這是王選那天晚上對整個團隊也是對自己說的話。

逆境中也有光亮

不因幸運而故步自封，不因打擊而一蹶不振。真正的強者，善於從順境中找到陰影，從逆境中找到光亮，時時校準自己前進的目標。正因如此，機會並沒有從王選的身邊溜走。

時任中國第四機械工業部第三生產技術局副局長的郭平欣其實一直關注著北大的方案，經過一番更為詳細的調查研究，他對北大方案開始「深信不疑」。春節剛過，他便再次來到北大，想要找王選更細緻地瞭解方案。

王選看到郭副局長的到來，瞬間看到了希望，整個人充滿了朝氣，熱情地迎接他，對他說道：「您能來，我們真的很感動。」

「其實我從上次聽了你們的方案之後就很感興趣，項目一定是要集思廣益、公平競爭、擇優支持的，所以我這次特地來正式聽取你們的方案介紹。」郭副局長的首肯王選都看在眼裏，所以這次的匯報他也準備得相當充份。

王選看得出，與會專家都問得很仔細，不少人對自己的方案也表示出了讚許的態度。雖然天氣異常寒冷，但王選卻感到渾身暖融融的，有了他們的支持，就更加有希望了。

北大校長也親自找到了王選，告訴他：「不管任務是不是下達給了北大，都一定要堅持做下去。」有了這句話，王選也更加堅定了自己的決心。

後來的事實證明，郭平欣具有伯樂般的眼光和膽識，給王選這匹「千里馬」提供了一個奔騰馳騁的疆場。

在跨越了字形訊息壓縮技術這座高山後，選用什麼輸出設備，便是王選和同事們需要解決的第二個問題。

陳堃銶建議道：「我們是否可以採用陰極射線管即螢光幕顯示輸出的三代機方案呢？」

「這樣做，我覺得心裏有些沒底。」王選思考了許久後對陳堃銶說道：「我覺得咱們還是踏實一點兒，據我瞭解，我們國產的高分辨率的陰極射線管不過關，螢幕尺寸也很小，滿足不了報紙版面的要求，所需要的高靈敏度的底片也沒有人研製。」

「那我們應該採用什麼樣的機器呢？」王選的質疑難住了團隊裏的其他人，輸出設備的選擇成了很長一段時間內困擾他們的嚴重問題。

一個偶然的機會，王選聽說了杭州通信設備廠研製的一種報紙傳真機，這種傳真機幅面寬、分辨率很高、對齊精度好，更重要的是，它是成熟的已經每天在使用的設備了。

一個念頭一下子從王選的腦海中閃了出來：國外正在研究雷射照相排版系統，倘若把報紙傳真機的錄影燈光源改成雷射光源，是不是就變成雷射照相排版機了？

王選很激動，坐不住了，立刻起身去物理系找到了光學專家張合義。

「咱們北大有沒有能力把杭州報紙傳真機的錄影燈光源改成雷射光源，並且提高原來機器的分辨率？」王選急切地問道。

張合義思考了一會兒，肯定地回答道：「可以。」

王選驚喜萬分，他知道，張合義是嚴謹的光學專家，沒有把握是不會做肯定的回答的，終於他心中的又一塊石頭落了下來。王選決定立即開始雷射掃描控制器的研究，這下才發現困難遠遠超過了他的想像。

但是科學研究對於王選來說就像是一次航行。航行中必然會遇到從各個方面襲來的勁風，然而每一陣風都會使他加快航速。只要能夠穩住船舵，即使是暴風雨，也不會使他偏離航向。

王選利用了一個又一個構思巧妙的絕招，攻克了雷射掃描控制器的一個又一個技術難關。

於是王選於一九七六年八月又提出一個大膽的決定：「我建議我們能跨過世界上正在流行的二代機和三代機，採用雷射輸出方案，直接研製世界上尚無商品的第四代雷射照相排版系統。」

這個是王選在研製漢字精密照排系統過程中最具前瞻性的決定，在很多人眼裏，這無疑又是天方夜譚。

「世界上根本還沒有這樣的機器……」「我從沒聽說過四代機……」「國外還沒搞出來的東西，他能行嗎？」「真是夢想一步登天，他想搞第四代，我還想搞第八代呢！」……

對王選的質疑聲此起彼伏，王選經常在私下聽到他人對自己決定的議論，可王選依舊堅定不移地繼續著自己的研究工作，他也堅信一定能成功。

「世界上目前只有英國蒙納一家公司在研製第一台雷射照相排版機，就是因為目前它還沒有成為商品，所以我才更想要把它做出來，更想把它做好！」王選鼓勵著身邊的同事，陳堃銶也一直支持著他。

王選是一個執著的人，一旦認準了目標，就要千方百計地去實現。

他心中一直非常欣賞兩句話，第一句是索尼公司名譽董事長井深大說的：「獨創，絕不模仿他人，是我的人生哲學。」第二句是中國科學院資深院士汪德昭說的：「標新立異、一絲不苟、奮力拚搏、親自動手。」

這兩句話，也是他的人生準則。在他眼裏，「一鳴驚人」並沒有什麼不好，只要能夠切合實際，就是創新。

王選還認為，搞應用研究，必須採用高起點，著眼於未來技術的發展方向，否則，成果研製出來時，就已經落後於時代，只能跟在外國先進技術的後面亦步亦趨。

所以從長遠來看，雷射照相排版符合世界照相排版技術的發展方向，是最佳選擇，因此王選一再堅持。

和錢學森繞過飛機研製導彈一樣，王選正是繞過了二代機和三代機在機械、光學等方面的巨大技術困難，大膽選擇了別人不敢想的第四代雷射照相排版系統，才取得了成功。

王選一九七六年提出直接研製第四代雷射照相排版系統，一九八五年開始使用，使中國從鉛字印刷直接跨入雷射照相排版，一步跨越了西方走過的四十年！今天看來，最寶貴的，正是王選這種具有凌雲氣概的技術跨越精神。

令人幸福的「羊」

在一個春風送暖的日子，新華社的會議室裏，電子工業部、新華社和北京大學的三方領導和專家齊聚一堂，召開「748工程」的協調會。

會議實際上開成了動員大會。

時任北京大學校長的周培源特別提到：「新中國成立後，我們培養出的知識份子都是有水準、有能力的！『748工程』就是一個典型的例子。」他還不斷鼓勵在場的所有人，「我們一定要把耽誤的時間奪回來，為中國人民爭一口氣！」

這次會議讓王選的心情久久難以平靜。十年浩劫，讓王選一直在與疾病和困苦作戰，但他一直沒有放棄他鍾愛的科學研究之路。可在這條困難重重的路上，王選遭受了數不清的誤解、諷刺和挖苦。

但周培源校長的鼓勵和支持，使他感到無比溫暖，也從心底裏有了更強烈的信念。

王選下定決心：即使是豁出命去，我也一定要把這項事業幹成！

就這樣，王選和整個團隊日復一日、全身心地投入了「748工程」的研究中去。王選的身體儘管在康復，但是秋冬來臨後，他又常常感到胸悶憋氣，有時連打太極拳都很困難，但是一心為科研的他只會在最難受的時候休息一下，稍微有些好轉就繼續堅持工作。

一九七七年十二月一日，在北大舊圖書館新建成的機房裏，一場模擬實驗正在進行。王選頭上冒著汗，鼻尖上綴著幾顆亮晶晶的汗珠，突然，他驚愕地眨了眨眼睛，臉上的肌肉一下子僵住了，他紋絲不動，就像電影中的「定格」。幾個同事也都像木頭一樣，定在了那裏。

為了檢驗傳真機輸出的文字質量和測試它與計算機之間的接口，研究室做了一個實驗，用一個「羊」字的單字漢字點陣發生器與傳真機相連。結果輸出了一整版印滿「羊」字的底片，而且輸出質量比預料中還要好！

冬日的陽光在舊圖書館裏灑下炫目的光輝，照亮著一張張快樂的、興奮的臉，每張臉上都洋溢著笑容，好似一朵朵盛開的花。王選和同事們都感到無比振奮。

輸出的一整版「羊」字字體端莊，筆鋒秀麗，郭平欣在仔細看過底片後，高聲向大家宣佈：「研製雷射照相排版系統的技術條件已經成熟！」所有人頓時沸騰起來，歡欣鼓舞。

這個「羊」字非同一般，是讓人感到幸福的「羊」。

不久，在杭州通信設備廠的協助下，張合義等人把傳真機光源改成了雷射，並採用同樣的方法，又成功地在底片上輸出了整版的「羊」，而且質量更高，從而證明了雷射的輸出質量完全能滿足印刷出版的要求。

儘管「748工程」又取得了階段性的勝利，但還是存在一些令人頭疼的問題。當時硬體和軟體的開發條件都非常有限，在硬體方面，國產積體電路質量差，每次關機、開機都會損壞一些晶片，這樣不僅機器損耗大，並且會大大影響進度，沒辦法，他們只好採取不關機的辦法，晝夜工作。

「一個人守著實在是太辛苦，我們輪流值班吧。」陳堃銶體貼地向王選建議道。王選思考了一會兒，覺得一個人守著身體確實吃不消，和大家一起做了決定：「那我們就工作日每晚男同志輪流值班，節假日女同志值班。」

每次到王選值班時，陳堃銶都擔心不已，生怕他忘記帶東西。「王選，我給你編了個順口溜，你把它背下來就不會忘記拿東西了。」陳堃銶興奮地告訴王選。「被子、床單、書包，毛巾、牙刷、牙膏，鋼筆、水果、小刀。」

王選看到如此細心可愛的陳堃銶，打心底裏高興，陳堃銶就好似他緊張生活裏的一味調味劑，給他的生活增添了趣味。生活上悉心照料，科學上鼎力相攜，在王選的科學研究中，一項艱巨而重大的任務——設計和調試軟體，一直是由陳堃銶負責。當時沒有軟碟機、沒有顯示器，總量達十四萬行的程式全用彙編語言寫出，其艱難是難以想像的。

要是能有先進的進口計算機和元件該多好啊，那樣研製工作便會輕鬆許多。王選心裏這麼想著。

然而，先進的設備沒有盼來，卻闖來了一個不速之客——世界上最早研製西文雷射照相排版系統的英國蒙納公司，早中國一步，推出了漢字雷射照相排版系統，並且準備大舉來華宣傳。

「我們可以免費為中國培訓使用和維護其雷射照相排版系統的工程技術力量，並且在一九七九年的夏秋之際到北京和上海舉辦展覽。」蒙納公司的負責人向公眾宣佈。這無異於雄心勃勃地宣佈，蒙納公司準備正式進軍中國巨大的印刷出版市場了。

聽到這一消息後，王選一下子感到了從未有過的危機。他在前一年八月得知了香港中文大學一位教授在做漢字終端，並且要與研製雷射照相排版的英國蒙納公司合作，可他沒有想到竟然這麼快就來到了家門口。

對於剛剛進入樣機研製的國產系統，這個強勁對手的威脅實在是太大了。王選感覺自己的心像是要跳出來一般，徘徊、流浪卻找不到出口，只知道自己擔負著一項艱巨卻又不得不為的重任，難道他們之前那麼多年的努力都要白費了嗎？

天空佈滿了烏雲，好像快要下大雨了，王選希望自己的心裏也能痛痛快快地下一場雨，讓雨水沖刷掉他所有的煩惱。

但是很快，王選平靜了下來，冷靜地分析了雙方的優劣勢。

他發現蒙納公司的系統有一個致命的弱點，它的控制器總體設計是很差的，採用黑白筆段描述字形，在點陣字的基礎上做一些壓縮，壓縮率很低，所以字體不能夠放大和縮小，放大了會出現馬賽克，縮小了就會黏在一起變成一團。

而己方優勢在於，設計思想的先進，「輪廓加參數」的字形描述方法，高倍率訊息壓縮和高速復原等技術便是王選團隊的「撒手鐧」。

這樣一分析，王選瞬間增強了信心，同時也感到了時間的緊迫，他決心加緊原理性樣機的研製和調試，一定要在展覽會舉辦以前，輸出一張報紙的樣張。

於是，王選帶領著團隊開始與時間賽跑。

令人震驚的技術

從研究室走出來，與國際先進產品一爭高低。在二十世紀七〇年代末能做出這樣的決定，除了高度自信，還有讓中國的印刷革命由中國人來實現的豪情。

一九七九年是王選研製雷射照相排版十餘年間身心最緊張和最勞累的一年，他承受著巨大壓力，帶領同事們日夜不停地向曾立下的目標努力著：一定要在蒙納公司來京展覽前，輸出一張報紙樣張。

七月，正值盛夏，舊圖書館窗外樹蔭匝地，蟬鳴陣陣，學生們大都放假了，校園裏靜悄悄的。舊圖書館一樓的研究室的機房卻是一番熱火朝天的景象。

由於硬體設備很不穩定，各部份常常不能正常運轉，調試過程十分艱辛。因此，許多人熬得眼睛紅紅的，有時實在睏得堅持不住，便倒頭打個盹兒，醒來接著幹。

王選小心翼翼地從機器裏拿出了樣張，卻發現結果總不令人滿意，有時出到半截就停了；有時輸出來了，又發現個別字模出了問題；後來終於能全部輸出了，卻發現底片上的字的筆畫是彎曲的，就好像一隻隻彎彎曲曲的小蟲子趴在上面。

王選和陳堃銶分析了半天才發現，原來筆畫彎曲是因為照相排版機有抖動。王選從教室搬來了幾個凳子，拴上繩子把機器圍了起來，就好像是給機器加上了一層保護罩，照相排版時不讓任何人接近。大家經過它的時候都是躡手躡腳的，儘量選擇繞行，離這個「金貴的寶貝」遠一些。

二十七日下午，經過日夜奮戰，幾十次的實驗，一張報紙樣張順利完整地輸出了，底片剛沖洗出來，王選就立刻拿起放大鏡瞪大了眼睛，仔細檢查著每一個字。

終於，王選抬起頭，笑逐顏開地大聲宣佈：「成功了！非常完美！馬上製版印刷，多印一些！」

大家一時間沸騰了，搶過樣張左看看右瞧瞧，翻來覆去地檢查，發現上面的每一個字的字形正奇交錯，大大小小，開開合合，線條粗細變化明顯，跌宕有致，堪稱完美！

大家長舒一口氣，接著發出一陣歡呼聲，中國第一張用漢字雷射照相排版系統輸出的報紙樣張，在未名湖畔誕生了！

消息很快傳到了中國國務院，第二天，國務院副總理兼國家科學技術委員會主任方毅就興致勃勃地來到北大漢字信息處理技術研究室的機房視察。

他並沒有前呼後擁的陣勢，而是輕車簡從，悄悄進入機房，一個人坐在進門的右邊觀看起來。

王選和陳堃銶依舊仔仔細細調試著機器，絲毫沒有注意到前來視察的領導，還是其他同事發現後才知道。

方毅給予大家高度的評價，高興地與大家一一握手表示祝賀，這讓王選和同事們十分感動。

接下來的幾天，中國國家科學技術委員會、國家計畫委員會、教育部以及出版局等許多單位紛紛前來參觀，可謂門庭若市。

報頭「漢字信息處理」幾個大字遒勁有力，輸出的其他漢字全都筆畫勻稱，筆鋒清晰，字形美觀大方，如果不是右上角「本刊是計算機——激光漢字編輯排版系統的試排樣張」的提示，簡直就與一張正式的報紙一模一樣。

一位當年參加過論證會的同志激動地對王選說：「當年你們介紹情況時，我們都不相信，沒想到現在真的實現了，而且復原出來的漢字質量這麼高，真讓人感到震驚！」

光明日報社科學部的資深記者朱軍聽聞消息後，立刻邀約了王選去報社一起商量第二天的頭版新聞，記者每寫完一張稿紙，就會送到工廠排字，打出了小樣後再修改討論。

王選也到排字工廠看了，感慨萬分：「工人們在排字工廠裏跑上跑下，真辛苦啊，一定要讓編輯們用上電腦排版。」那天晚上稿子發完已經凌晨四點了，但大家依舊很高興。在光明日報社熬通宵，讓王選第一次切身體會到了編輯們的辛苦，這也促使他後來積極推進報社採編流程計算機管理系統的研製。

《光明日報》率先在頭版頭條報導了雷射漢字編輯排版系統主體工程研製成功的消

息，極大地鼓舞了這群當時身處科研困境的年輕人。王選事後才知道這個報導是冒了很大風險的。他後來回憶說：「所以我牢牢記住這張報紙，一直想要用事實來證明它是對的。」在此後的日子，他對《光明日報》念念不忘，新聞媒體採訪王選的時候，他也經常叮囑要訪問記者朱軍。

《光明日報》的報導，如同平地響起的一聲春雷，震動了國際照相排版系統研究領域。最震驚的當然是正在上海籌備展覽會的英國蒙納公司的技術人員。

一九七九年十月，蒙納系統的總設計師金斯教授率參展團隊來到北京，迫不及待地參觀了北大的成果。出於技術保密，王選只好迴避了這次接待。

金斯一行人之前並不知道王選團隊達到了什麼水準，所以金斯教授一見到機器，便睜大了眼睛驚異地問道：「你們真的搞出來了？」

王選的同事們對著金斯教授笑了笑，拿出了輸出的底片給他看。金斯教授用放大鏡一看，非常吃驚，大聲地說：「高品質！高品質！」還連續講了兩遍。

同事們自信地抬起了頭，他們終於為中國爭了光。

後來討論的時候金斯教授就問：「我有一個大難題，那麼多的漢字字模，不同字體、不同大小，如何放進計算機？又如何很快地取出？」

「這個是我們的技術，保密，不方便回答。」當其他同事講出這句話時，金斯教授只好惋惜地搖了搖頭。

離開的時候，金斯教授還提出希望能購買王選團隊研發的技術，大家當然沒有答應。

一九八〇年三月，香港《工程與科學》雜誌刊登了一篇題為〈電腦——激光漢字編輯排版系統〉的文章，詳細介紹了王選和他的團隊研製出的漢字雷射照相排版系統。這是內地之外的媒體對北大成果的首次報導，不僅充滿了神祕，還充滿著期待。

一九八〇年九月十五日上午，中國告別鉛字的歷程中排出的第一本書——《伍豪之劍》排出，這是檢驗照排系統功能的一個里程碑。就在這時，陳堃銶發現自己便血，以為是痔瘡，繼續忙於軟體調試沒去醫院。鑑定會後是暑假，她本該有時間休息的，可是……至少六年來，她都放棄了節假日休息，這年暑假，她又忙於二代機整個軟體的換代工作，直到十月五日才抽空去醫院看病。

十月六日，陳堃銶被確診為直腸癌！醫生說，癌細胞擴散的可能性佔百分之五十，五年內病人存活的可能性也只有百分之五十！

王選幾乎被這一晴天霹靂擊垮，他深深自責：作為丈夫，自己太失職了！視事業為生命，一分一秒都捨不得耽擱的王選，此時毅然放下手中的工作來陪伴妻子。

還沒走進病房，聽到她與同室病友一起在唱五〇年代的蘇聯歌曲：

正當梨花開遍了天涯
河上飄著柔漫的輕紗
喀秋沙站在峻峭的岸上

歌聲好像明媚的春光……

手術那天，王選目不轉睛地盯著手術室大門，默默祈禱命運之神能保佑妻子度過難關。

不知過了多久，手術室的門終於打開了，王選迫不及待地迎上去：「大夫，怎麼樣？」

「她太瘦弱了，連身上的癌細胞都患了營養不良，失去了擴散的野心。」大夫開玩笑說。

陳堃銶終於闖過了鬼門關。便血近半年才去就醫，癌細胞居然沒有擴散，真是一個奇蹟，也許蒼天也不忍奪去這位只知奉獻的科學家的生命吧。

王選決心彌補多年來對妻子的虧欠，在她住院期間，他特地買了一本食譜，餐餐變著花樣做：清蒸甲魚、醋燒黑魚、燉銀耳、乾煸鱔魚絲，新鮮蔬菜水果……計算機專家第一次發現自己還有廚師的才能。為了對付愛縮頭的甲魚，他發明了用扁嘴鉗夾甲魚頭的「專利」，並把甲魚燉得像藥渣一樣爛，讓營養充份溶解在湯裡；他每天兩次騎車去北醫三院送飯，並親手服侍妻子吃下去。

他總算盡了一次丈夫的職責。兩個月裡，他暫時放下了工作，把照相排版系統鑑定會上得到的幾百元獎金都給妻子買菜吃掉了。

愛情是一劑奇妙的藥，陳堃銶恢復得很快。不久，陳堃銶就回到了第一線。

大樹與新苗

隨著漢字雷射照相排版系統在國內外影響力的日漸增強，淘汰鉛字的革命在中國如火如荼地展開，其勢頭之猛、速度之快，甚至超出了王選的預料。

他在當時研究條件十分簡陋、外國廠商大舉進軍中國市場、許多人自信不足、崇尚引進等困難挑戰下，緊跟中國科技體制改革的時代腳步，堅持「科技頂天、市場立地」，帶領團隊攻堅克難。

先後研製出八代中文電子出版產品，推向市場並得到廣泛應用，佔領了百分之九十九的國內報業市場、百分之九十的書刊（黑白）市場以及世界上其他國家和地區百分之八十以上的華文報業市場，掀起了中國「告別鉛與火、迎來光與電」的印刷技術革命。

該技術不但使來華研製和銷售照相排版系統的英國蒙納公司、美國王安公司等被迫放棄競爭，全部退出了中國市場。還出口至日本、歐美等國家和地區，並促成北京大學計算機研究所和方正集團的緊密合作，走出了一條產學研結合的成功之路，成為中國創新驅動發展的時代典範。

這些成果開創了漢字印刷的一個嶄新時代，徹底改造了中國沿用上百年的鉛字印刷技術。王選又相繼提出並領導研製了大螢幕中文報紙編排系統、遠程傳版技術和新聞採編流程管理系統等。

多年的實踐更使王選體會到，實現技術創新的關鍵是培養年輕人才，實現技術與市場相輔相成的保障是產學研結合的體制。這也是他在二十世紀九〇年代中後期孜孜以求的又一番宏偉事業。

春節正悄悄地走來，大街小巷都洋溢著節日的氣息，各個商場裏人山人海，熱鬧非凡，不管是老人還是小孩子，手裏都是大包小包的，臉上綻放出快樂的笑容。

平常的日子裏，王選夫婦沒有寒暑假，沒有禮拜天；每年春節放假的幾天，正是他們避開干擾、效率最高的工作日，常常一塊豆腐就算過了年，他的許多設計都是在春節期間完成的。

一九九三年春節，王選和大多數人不同，除了抽出半天時間到周培源先生家拜年外，其餘時間把家門一關，專心做研究。學生們來家裏拜年，看到的都是滿桌的設計草稿。

王選一看到自己的學生，便會想起兩年前的一件事。

一九九一年初，方正91電子出版系統即將上市，王選忽然發現自己設計的晶片在處理圖形時有漏洞。

他當時得了重感冒，頭暈乎乎的，根本分不清東南西北；頭痛得就像被萬根針扎一樣；雙手無力，就連端起一杯水的力氣也沒有；走起路來搖搖晃晃，一副喝醉酒的樣子。他的臉上一點兒血色也沒有，煞白煞白的，更難過的是鼻子不能順暢呼吸，睡覺的時候，鼻子一點兒氣也不通，好像被什麼堵住了。

實在沒有辦法，王選這次只好把這一漏洞告訴了柵格圖像處理器組的三個年輕人。「這次是實在沒有辦法才讓你們幫幫忙，你們先思考思考，有問題及時討論。」王選並沒有指望他們能想出對策，可不料，沒過幾天，其中的一個碩士研究生就想出了一個妙招兒。

王選在大喜過望的同時，也隱隱感覺到了危機，他細細數了數自己的白髮：難道是自己真的老了嗎？這是王選對自己的懷疑。

經過深思熟慮，王選向所在單位提出正式退出第一線，全力支持和培養年輕一代。他靜下心來，開始把多年從事計算機研究的感想寫成一篇篇文章。

「愛才」首先要「識才」。王選有一種「求賢若渴」的勁頭，為了尋覓中意的人才，他不放過每一個機會，有敏銳的目光，判斷眼前的年輕人是不是一匹「千里馬」。

「我判斷年輕人要考查其品德、能力、團隊精神和是否認真負責、踏實肯幹。此外，很重要的一點是看面臨吸引人的挑戰時是否充滿激情，是否有力爭第一的勇氣和韌性。」這是王選曾經總結的識別人才的標準。

看著這些朝氣蓬勃的年輕面孔，王選心中充滿了愛。一有時間，他就會到各個機房「串門」，和這些年輕人聊天，瞭解他們的興趣愛好和特長。一回到家，他提筆就會記錄下來他在聊天中所瞭解到的情況：

「××，班長，動手能力很強，並且有洞察力；

×××，市優秀畢業生，住在學校附近外婆家；

××，電腦大賽獲獎，非常聰敏，能力強，愛玩……」

沒多久，王選就能說出上百個年輕人的名字。他還專門準備了一個紫紅皮的筆記本，大家都知道那是王老師的「寶貝」，上面密密麻麻記錄了各種資料。大家也都願意和王老師做朋友，他平易近人又很謙虛。

「我第一次吃黃油就是在王老師家吃的。」一談起王選老師，學生們都激動萬分，好像每個人都和王選老師有交情。

「那天討論完技術問題後，王選老師便請我們幾個人到家裏吃飯，他從冰箱裏拿出了一塊紙包著的、散發著奶油香味的東西請我們吃。我吃了一塊，那簡直是我吃過的最好吃的東西。」學生說著，眼裏似乎有了淚花。「王老師告訴我那個是黃油，他說我瘦，要多吃點兒，王老師就像爸爸一樣好。」

大家都從王選那裏得到了慈父般的溫暖。除了在事業上激勵和支持優秀的年輕人才，王選還想方設法地為他們提供良好的生活條件，解決其後顧之憂，在待遇上盡可能地滿足他們。

最後的路程

隨著二〇〇〇年元旦鐘聲和鞭炮聲的響起，二十一世紀終於大踏步地來臨了。

王選在跨年之夜滿臉笑意，溫柔地對陳堃銶說：「我有個願望，上次去香山還是一九九八年，今年想去香山看看雪景，『西山晴雪』是燕京八景之一，這幾十年來我還從未看過。」

陳堃銶點了點頭答應了王選，可是王選的這個願望最終沒有實現，沒過幾天，王選因身體不適住進了醫院。根據以往的經驗，到溫暖的南方可能有利於病情好轉，於是兩人商量，去海南島住幾天。

海南島的椰風和陽光果然有奇妙的效果，按時服藥幾天之後，王選的身體便開始慢慢恢復。沒過幾天，王選又立刻回到了北京，投入繁忙的工作中去了。

二〇〇〇年九月十六日，王選從馬來西亞出差回到北京，當晚便開始發高燒，第二天去醫院檢查，結果是肺炎待查。同事陪著王選去北醫三院做電腦斷層掃描，結果出來後，醫生只讓王選的同事一個人進去。

「王選的情況很不好，肺部的陰影一直不散，可能是癌症。」醫生表情嚴肅地的說。同事一聽完，整個人都呆了，一下子不知所措，他也不敢告訴王選，急忙悄悄地給陳堃銶打電話。

陳堃銶親自向醫生詢問了病情，醫生說王選患的是左肺支氣管肺癌，而且已經到了中晚期，最多活不過兩年！這幾個字對於陳堃銶來說簡直是五雷轟頂，她聽後，心如刀絞：「王選才六十三歲啊！」沒有辦法，陳堃銶只好強忍著悲痛回了家。

不過，悲痛只在陳堃銶的心中停留了片刻。陳堃銶知道，自己必須堅強起來，因為王選這個時候是最需要自己的支持的，而王選的鎮靜也增加了陳堃銶的信心。

回想多年來一起走過的風風雨雨，無論困苦還是疾病，無論壓力還是阻力，他們始終如一，堅定不移地以頑強的毅力攜手克服了重重難關，也經歷了生死相依的考驗。

面對突然而來的打擊，王選和陳堃銶很快就達成了默契，一定要坦然面對，堅定信心，積極治療，爭取好的結果。

第二天早上，夫婦倆和往常一樣從容自若地出現在未名湖畔，在晨曦的映照下，一個打太極拳，一個練氣功，和平時一樣平靜。

春季，萬物復甦，春意盎然，一片生機勃勃的景象。吹拂過綠葉的風，變得格外溫柔，太陽也變得暖洋洋的，綠葉們則托出了一個個嬌嫩欲滴的花骨朵兒。微風中，它們輕輕搖曳著，害羞地露出了笑臉。

王選一出門，石階前等著的大黃貓就跑了過來。這是一隻流浪貓，但王選因為從小就喜歡貓，所以會經常給這隻大黃貓餵食。

大黃貓也把王選當作了自己的好朋友，只要看到他出來，便會像孩子一樣跑過來，圍在王選腳邊，一會兒咬他的褲腳，一會兒舔他的鞋幫。等王選和陳堃銶開始在樓下鍛鍊身體了，牠就會安靜地待在一邊，或埋頭打瞌睡，或肚皮朝天可愛地曬太陽。王選每每看到此景，心中就多了些寬慰。

王選一直保持著良好的心態，他多次進出醫院，多次接受化療和放療。自生病以來，他就不能像以前那樣，有空就去機房找學生們聊天了。但他心中一直牽掛關心著他們，會偶爾打個電話，用自己力所能及的方式關心、鼓勵和支持著他們。

「每次接到王選老師的電話，心中就好像打了強心針一樣，充滿著信心和幹勁。」常接到王選電話的一位學生說道。

即便在病重之際，王選依然不忘鼓舞年輕人。

二〇〇五年十月，王選忍著病痛，為《光明日報》寫下一篇七千字長文，而主題就是給優秀人才提供良好的創新環境。他分析了電子計算機誕生六十年來計算機領域重大發明的產生過程，指出「所有這些重大發明均來源於一個、兩個或三個傑出科學家的奇妙構想」，「這些重大發明的提出者大多為三十多歲的年輕人，有的僅二十多歲」。

二〇〇六年一月在協和醫院特需病房的六層，走廊的盡頭有一套不大的房間，王選在那裏度過了他最後的時光。王選以他超出凡人的樂觀幽默和堅強豁達譜寫了生命最後的華彩樂章。

二〇〇六年二月十三日，王選因病離世。輓聯上，陳堃銶用「半生苦累，一生心安」八個字總結和評價了丈夫的一生。

現在人們為何念念不忘「王選精神」？他的時代價值是什麼？

「永不止步的創新精神，百折不撓的奉獻精神，刻苦踏實的工匠精神。」陳堃銶這樣總結，「我們在『告別鉛與火』之後，並沒有停下前進創新的腳步，又告別『報紙傳真機』、『電子分色機』、『紙與筆』、『照排膠片』，等等。」年輕時的王選曾因廢寢忘食的工作累出重病，也曾遭遇過家庭變故，但是這些挫折即使再大，都不能打倒他為國奉獻、百折不撓的信念。

王選獲得了應有的榮譽：榮獲第十四屆日內瓦國際發明展覽會金牌獎、聯合國教科文組織科學獎、中國國家最高科學技術獎等重大獎項；他還擔任了中國科學院、中國工程學院、第三世界科學院「三院院士」以及全國政協副主席、九三學社中央副主席等職務。

而陳堃銶，卻隱藏在光環的背後。王選說：「陳堃銶從不要什麼名利，但我總覺得自己剝削了她：兩人的榮譽加在了我一個人身上。這絕不是一般意義上的『軍功章裡有你的一半也有我的一半』。」——他們的科學之路與愛情緊緊相連。

漢字雷射照相排版系統，不但引發了印刷史上的革命，也是「中國製造」的引領者。它，永遠和「當代畢昇」王選，這個光輝的名字連在一起。

「做出有用的事情，我們這一生便沒有虛度了。」王選這麼說。

「多做好事，少做錯事，不做壞事」——王選的座右銘與他的人一樣樸實無華。

偉大的科學家王選的生平故事講到這裏就結束啦，瞭解了他的一生，是不是對他的聰明才智和無私的奉獻精神深深地敬佩呢？在王選的世界裏，雖然沒有璀璨的星河，也沒有轟轟烈烈的鬥爭，卻有著只屬於他自己的那充滿著無限奧祕的數學和計算機。

漢字雷射照相排版系統不僅改變了中國的印刷業，也徹徹底底地改變了世界的印刷業。這意味著科學可以改變我們的生活，擁有著震撼世界的力量。

嗨！有趣的故事

王選

責任編輯：苗　龍
裝幀設計：盧穎作
著　　者：葛　競

出　　版：中華教育
　　　　　香港北角英皇道 499 號北角工業大廈一樓 B
電　　話：(852) 2137 2338
傳　　真：(852) 2713 8202
電子郵件：info@chunghwabook.com.hk
網　　址：http://www.chunghwabook.com.hk

發　　行：香港聯合書刊物流有限公司
　　　　　香港新界荃灣德士古道 220-248 號
電　　話：(852) 2150 2100
傳　　真：(852) 2407 3062
電子郵件：info@suplogistics.com.hk

版　　次：2020 年 11 月初版

規　　格：16 開（210mm × 148mm）
I S B N：978-988-8674-75-6

本書繁體中文版由接力出版社、黨建讀物出版社共同授權出版